JOSEPH ARON

QUESTIONS JUIVES

DE 1896

UN AGENT PROVOCATEUR

ETC., ETC.

(ÉDITION ILLUSTRÉE)

2e MILLE

Prix : 1 fr. 50

PARIS

1, Rue Condorcet, 1

—

1896

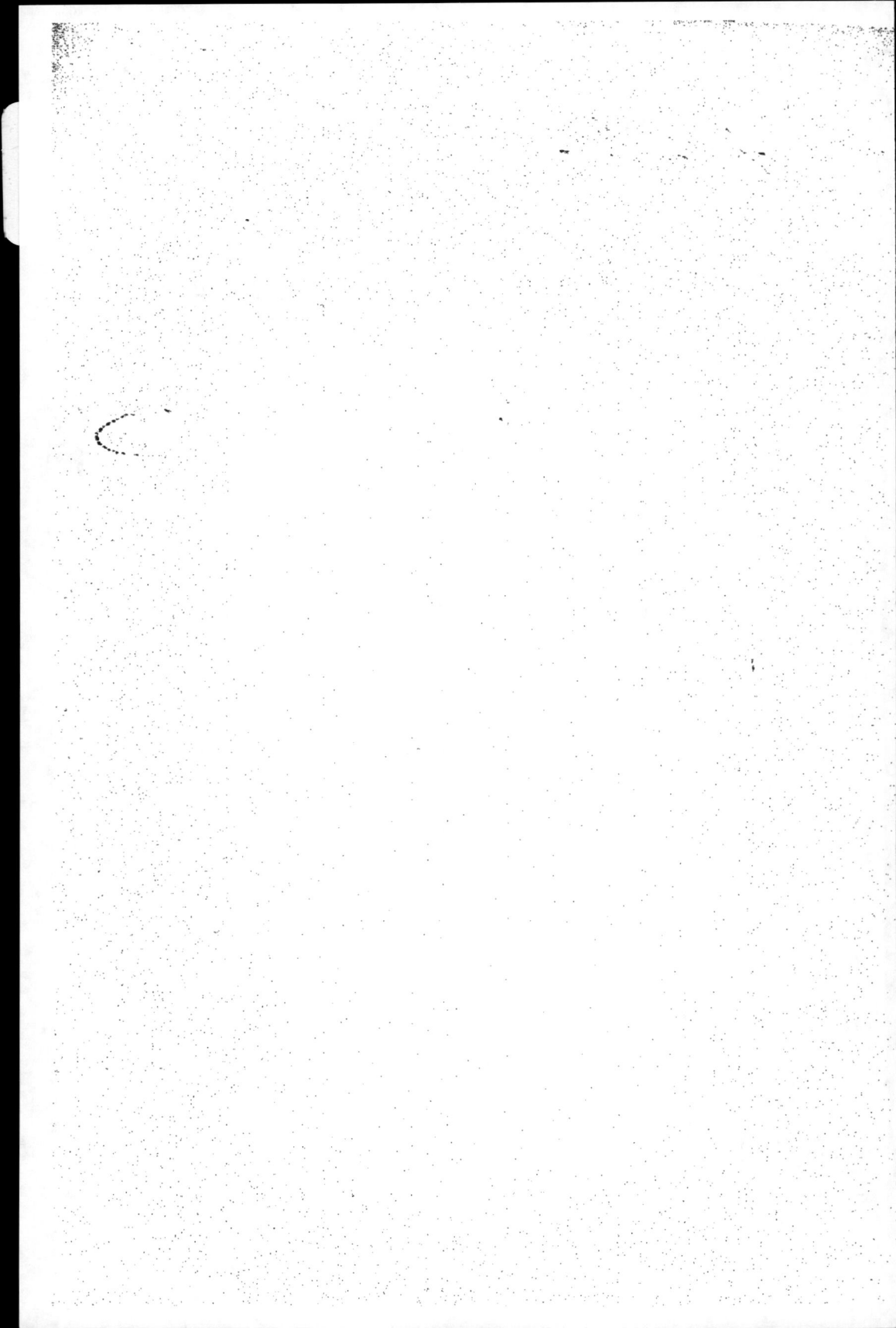

pour la
Bibliothèque
Nationale

Joseph Arex

PORTRAIT DE L'AUTEUR

(Début de Mᵐᵉ ANNA RUDIÉ, artiste juive de 17 ans)

Photogravure de A. Barret.

UN AGENT PROVOCATEUR

bon à tirer à 3000 en [signature]

OPINIONS D'HIER

Le Diable à quatre (N° 1, 17 octobre 1868) (1) :

. . . .

Et pour que Drumont, à qui les dénégations coûtent peu, ne soit pas tenté de crier encore à la calomnie, je lui mets sous les yeux l'autographe très fidèle du *bon à tirer* donné par lui (pour *l'Inflexible*) et orné de ses initiales.

En me recommandant M. Drumont : « Il est oiseau, m'écrivait Veuillot, et c'est chez vous que l'on gazouille! » Oiseau! oui, car c'est un joli merle qui, au lieu de siffler, croasse comme une grenouille dans les plus fétides marais.   H. DE VILLEMESSANT.

(1) Extrait de *Mon pauvre Drumont*, qui se trouve en vente dans les principaux kiosques.

Dépôt : 1, Rue Condorcet, Paris

DU MÊME AUTEUR

Les deux Républiques sœurs (France et États-Unis). GRANT, BANCROFT, BISMARK. Texte français et anglais. Un volume broché.......... 3 fr.

COLLECTION COMPLÈTE DE :

L'Homologation... 5 fr.
Les Mines d'Or... 2 fr.
L'Or et l'Argent... 3 fr.

Vient de paraître :

Les Mensonges de Drumont, suivi de Mon Pauvre Drumont..... » 50
La Résurrection de Lazare! Suivi d'une lettre ouverte à M. le Grand Rabbin de France................................. » 50
Canada Transvaal, brochure in-18, Savine, éditeur............. 2 fr.

Pour paraître prochainement

L'Esclavage en France.
Tout Plaideur devient la propriété de son Avocat.
Affaire Sutro à la 3e Chambre du Tribunal de la Seine. La manière d'agir de certains princes du barreau français, d'un roi de la finance et d'un avoué : Weill, Waldeck, Pelletier, Crémieux, Milhaud, etc.

UN AGENT PROVOCATEUR

Après avoir été ce que l'on sait sous l'Empire, M. Edouard Drumont s'est fait aujourd'hui **agent provocateur**; c'est à peu près la même chose. On peut dire, sans craindre d'exagérer, que c'est un *homme de la carrière*.

En 1868, il donnait les *bons à tirer* de la feuille de Stamir et Marchal, l'*Inflexible*. Henri Rochefort, Lockroy, Vallès, etc., étaient traînés dans la fange par ce trio de jolis messieurs, mais nous n'insisterons plus là-dessus, puisque l'héritière politique de Vallès, Mᵐᵉ Séverine, s'est faite pendant longtemps la collaboratrice ardente de M. Drumont, puisque M. Lockroy se laisse journellement insulter par lui, sans riposter, et que M. Rochefort le traite en confrère et lui a *presque* pardonné tous ses outrages.

Plus tard, à peine sorti du service des juifs Péreire, à *la Liberté*, M. Drumont se mit, par reconnaissance sans doute, à publier *la France juive*, qu'un avocat général appela si justement le *Bottin de la diffamation*.

Enfin, pour bien compléter toute sa lyre professionnelle, il y a, ces jours-ci, ajouté la dernière corde : celle d'**agent provocateur**, et l'on va voir, plus loin, comment il en pince.

Et quelle est l'heure que choisit M. Drumont pour faire ainsi appel aux plus mauvaises passions, c'est-à-dire à l'émeute?

L'Europe traverse une crise sans précédents. L'Espagne, héroïque, souffre et donne aux autres nations le grand exemple du patriotisme qui impose silence, à l'heure du danger, à toutes les querelles intérieures. L'Italie se débat sans succès en Afrique. L'Allemagne, bien que paraissant animée d'une sorte d'esprit nouveau, reste toujours mystérieuse. L'Angleterre guette les fautes de chacun et, à tout instant, en profite. L'Orient est de plus en plus menaçant; la Crète est soulevée, l'Arménie est ensanglantée, et les Balkans ont comme une odeur vague de poudre. La France, ce nous semble, devrait se renfermer dans la sagesse et la prudence, car elle est aujourd'hui en d'excellentes conditions et elle peut espérer en tirer honneur et profit.

Est-ce donc en ce moment qu'elle se laissera troubler par ce composé d'anarchiste et de bonapartiste, vainement déguisé sous un masque de religion, qui s'appelle M. Drumont?

C'est cependant cet homme-là qui inspire au clergé catholique une peur assez profonde pour que Mgr d'Hulst n'hésite pas à lui expliquer les raisons de son silence à la Chambre, au sujet des douloureux événements d'Arménie! C'est cet homme-là qui inspire la même peur au clergé israélite, comme on le verra plus loin par notre correspondance avec M. le Grand Rabbin de France! C'est cet homme-là qui terrifie à ce point les journaux français qu'aucun d'entre eux n'a osé relever les incroyables et odieux articles de la *Libre Parole* à propos de la prochaine arrivée en France de l'Empereur de Russie!...

Ces mêmes journaux ne craignent pourtant pas de relever ce que la presse anglaise publià ce sujet. Le *Figaro*, notamment, le fait avec une énergie qui l'honore.

La presse anglaise, dit-il en substance, enregistre et commente avec un soin jaloux, avec un empressement débordant de joie, toutes les informations, tous les incidents qu'elle juge être désagréables à la France. Tantôt, c'est parce que les détails du voyage ne sont pas encore réglés, ou, du moins, publiés; une autre fois, c'est sur le plus ou moins de durée du séjour du Czar chez nous. Et, là-dessus, quelles discussions, quels commentaires, quels racontars, toujours désobligeants!... On part de là pour amoindrir la portée du voyage à Paris; on ridicule l'enthousiasme des Parisiens, leur empressement, leur désir de recevoir dignement l'hôte impérial. Les Anglais saisissent avec bonheur cette sorte de revanche pour se consoler de s'être laissé berner par Li-Hung-Chang, à qui ils avaient eu la faiblesse de faire un accueil magnifique, tel que peu de souverains en avaient reçu sur les bords de la Tamise. Pour quel puissant monarque, en effet, avait-on cru devoir réunir à Spithead la plus formidable flotte que l'on ait jamais vue, même en Angleterre?...

Aussi, rien ne saurait être plus agréable à nos bons voisins que de pouvoir signaler quelque excès de zèle, quelque faute de bon goût, quelque manque de tact, de la part de nos populations de province ou du public parisien. Cette satisfaction ne leur sera pas donnée.

Le *Figaro* a bien et courageusement agi en rappelant John Bull à la pudeur; mais écoutez donc parler la *Libre Parole!* Ne la croirait-on pas anglaise, avec l'aggravation en plus qu'elle est rédigée sur les bords de la Seine?

L'Empereur de Russie, ami de la France, vient nous visiter, et voici comment Drumont parle de celui qui doit le recevoir officiellement, le Président de la République française.

> Nicolas II, qui n'a pas trente ans, venant en France pour soigner ses rhuma-tismes, c'était de la dérision.
>
> On nous dit maintenant qu'il débarquerait dans l'un de nos ports de guerre, assisterait peut-être à la revue qui clôturera les grandes manœuvres, mais ne toucherait pas Paris pour des raisons qu'expose ainsi l'officieux *Courrier du Soir :*
>
> « Ce n'est pas que l'empereur de Russie redoute, ainsi que d'aucuns l'ont insinué, les manifestations auxquelles sa présence inciterait les Parisiens. Son abstention aurait pour cause une question de personnes qu'il n'aurait pas lui-même soulevée et sur laquelle il serait fort délicat d'insister, mais dont nous pouvons dire qu'elle ne porte aucune atteinte à notre dignité nationale non plus qu'à nos susceptibilités démocratiques, — précisément parce qu'elle peut paraître imposée par l'influence d'une chancellerie étrangère.
>
> « Il ne nous plaît pas de fournir à ce sujet d'indication plus précise, étant de ceux à qui il répugne d'étendre le cercle des informations au delà du terrain délimité par la vie publique. »
>
> Quel est donc le haut personnage de la République dont la vie privée, dont les attaches sont telles qu'il répugne au tsar d'être mis en rapports avec lui?
>
> Il y aurait quelque hypocrisie à taire le nom de celui que vise le *Courrier du Soir :* de toute évidence, c'est le Président de la République, c'est M. Félix Faure.
>
> Nous avons dit ici ce que nous pensions de l'homme qui, « ayant son pantalon déchiré et sa chemise sale, n'a pas craint de monter au mât de cocagne ». (*Libre Parole* du 6 août).

Le 14 août, Drumont revient à la charge :

> Les Républicains trouvent là une occasion de triomphe en constatant que, somme toute, les plus puissants souverains d'Europe sont bien forcés de venir s'incliner devant la République, alors même qu'elle est représentée par un homme qui a eu des malheurs dans sa famille.

Après quoi, disant que, grâce à la France seule, la Russie est devenue puissante, il décoche les compliments suivants à Nicolas II :

Tenue en échec par un faquin sanguinaire comme Stambouloff, la Russie a remis la main sur la Bulgarie : elle a repris la direction du mouvement slave; elle est l'arbitre de la question d'Orient, et il faut bien reconnaître que Nicolas II n'a pas hérité des sentiments généreux de son père, et qu'il n'a point exercé l'influence conquise à nos dépens dans le sens de la justice et de l'humanité.

Voici maintenant le Drumont du 26 août :

Si une émeute effroyable éclatait à la révélation que cette alliance russe, à laquelle les Parisiens croient plus qu'à l'Évangile, est restée à l'état de projet par la faute de nos gouvernants, Hanotaux se tirerait prestement des pattes comme Émile Ollivier en 1870. Il attendrait des jours plus sereins pour écrire un beau livre d'histoire dans lequel il établirait qu'il avait tout prévu et tout préparé, et que c'est le Fatum qui est seul coupable.

Si ce n'est pas là un appel à l'émeute, on avouera qu'on en sent au moins le désir chez l'ancien complice de Stamir et de Marchal.

Puis, vient, dans le même ordre d'idées, cette mise en demeure (31 août) :

La France traverse évidemment une crise intellectuelle et morale d'une intensité particulière. Dans ce rapprochement avec la Russie qui, si nous avions eu d'autres ministres que les nôtres, auraient pu nous rendre notre place dans le monde, les Français ne voient que le côté enfantin, fête publique, camelotage, bazar, lanternes de couleur. L'objet à offrir sera-t-il un encrier, un cachet, une chaîne de montre?... Nous avons versé, en tout cas, nos dix francs à l'Association des journalistes, en demandant que le cadeau fût une plume avec laquelle on pourrait signer le traité.

Au traité, la France ne songe même pas. La servilité des badauds parisiens dépassera les manifestations les plus délirantes des moujicks.

Le 1er septembre, tristesse de Drumont en pensant que ceux qui crieront *vive la Russie!* ne seront pas *assommés*.

On eût été assommé à ces époques reculées si on eût crié : *Vive la Russie!* On le serait aujourd'hui si on criait : *Vive la Pologne!*

Enfin, de crainte de n'être pas bien comprise, la *Libre Parole* tire le bouquet de son feu d'artifice en insultant grossièrement l'Ambassade de Russie à Paris, à propos de la mort du Prince Lobanof. Il est bon de lire ce morceau :

LE PRINCE LOBANOF

Une dépêche de Vienne annonçait, hier matin, la mort du prince Lobanof-Rostovski, ministre des affaires étrangères de Russie.

Un de nos confrères d'un journal du soir a pu voir le chancelier de l'ambassade russe. Je n'ai pas eu la faveur d'être reçu par ce haut personnage, que son interview avec mon confrère avait sans doute par trop fatigué.

J'avoue que je ne le regrette que faiblement, étant donné l'exactitude et la précision des renseignements qu'il a fournis sans marchander à son interviewer, et qui se résument en un scepticisme tout à fait diplomatique au sujet de la mort du prince dont « nous aurions dû être informés les premiers », dit-il sans sourire.

Malgré cette confiance, l'ambassade russe, qui se distingue d'ailleurs par son peu de complaisance et une morgue qui sent beaucoup plus le parvenu que l'aristocrate de bon aloi, était mal informée.

Nous n'avons lu aucune protestation, nulle part, contre ces menées anti-françaises; il nous a paru bon de faire exception à cette étrange règle de silence, et nous avons saisi l'occasion qui nous fut offerte de protester devant toute la presse réunie :

Appelé par le *Comité des journalistes parisiens* à souscrire pour offrir un objet d'art au Czar et à indiquer notre préférence sur cet objet d'art, nous avons souscrit et répondu textuellement :

Un groupe représentant la Ville de Paris ouvrant ses portes au Czar en lui disant :

« Sire, soyez certain que M. Edouard Drumont (de l'*Inflexible* de 1868 et de l'anti-russe *Libre Parole* de 1896) ne représente en rien ni Paris ni la France ».

JOSEPH ARON.

LETTRE

DE

M. LE GRAND RABBIN DE FRANCE

En réponse à une lettre ouverte de M. Joseph Aron

—••᠁••—

Viggis, près Lucerne, 4 août 1896.

Cher Monsieur Aron,

Vous avez eu la bonté de me communiquer votre lettre concernant le nouvel exploit de la *Libre Parole*. Vous fustigez avec raison une feuille qui se sert de procédés où l'on chercherait vainement une ombre de sens moral. Il me semble que c'est tout ce qu'il y a à faire dans la circonstance. J'ai reçu personnellement quantité de lettres débordantes d'indignation : « Il appartient au chef de la religion de nous faire rendre justice, etc., etc...» Hélas ! mes correspondants ignorent pour la plupart que le mensonge n'est pas un délit puni par la loi, que la calomnie même, et la plus odieuse, s'attaquant à une classe de citoyens, ne relève pas de la justice. Sans cela, il y a longtemps que les héros de la *Libre Parole* auraient mis une sourdine à leur grosse voix.

Vous pensez, vous, que les polytechniciens israélites devraient faire ce que les juifs, comme tels, n'ont pas le droit de faire. C'est une opinion qui peut se défendre. Je crois, moi, qu'il y a plus de contre que de pour. Réfléchissez-y et vous en conviendrez.

Heureusement, cher Monsieur Aron, les lecteurs de la *Libre Parole* ne sont pas tous des gens sourds et aveugles. La hâte fiévreuse de ce journal à annoncer *Urbi et Orbi* un nouveau scandale juif a tourné contre lui. Une fois de plus, il a voulu nuire et n'a fait de tort qu'à lui-même. Cette réparation doit nous suffire.

Je vous prie, cher Monsieur Aron, de recevoir l'assurance de mes sentiments cordialement dévoués.

ZADOC KAHN.

P. S. — J'ai lu la lettre ouverte que vous m'avez adressée. M. Kahn m'inspire beaucoup de sympathie pour sa conduite pendant la Commune. Il vous dira lui-même que je lui ai donné souvent des preuves de cette sympathie.

RÉPONSE DE M. JOSEPH ARON

Paris, le 10 août 1896.

Monsieur le Grand Rabbin de France,

Je m'empresse de vous accuser réception de la lettre que vous m'avez fait l'honneur de m'écrire, le 4 août, de Viggis près Lucerne, en réponse à la lettre ouverte que je venais d'adresser à M. L. L. Klotz, directeur du *Voltaire*, au sujet de l'incident de l'École Polytechnique et du silence, vraiment inouï, de la presse en présence de l'infamie et des mensonges de la *Libre Parole* et de ses sous-organes des départements.

Il me semble, Monsieur le Grand Rabbin, que la situation présente une réelle gravité. L'exemple venu d'en haut n'est pas bon, et je n'en prends pour preuve que le silence extraordinaire de l'*Univers Israélite*, dont les attaches sont connues. Je sais bien que ce journal n'est pas très répandu et qu'il n'est guère lu que par des personnes qui connaissent la question juive aussi bien que lui; mais il n'en est pas moins susceptible de tomber sous d'autres yeux, et, alors, on peut se demander ce que ces lecteurs-là pensent d'un tel silence? On se dira que les Israélites s'avouent vaincus par Drumont, puisqu'ils le laissent continuer sa route en courbant la tête sous son arrosage de fausses nouvelles et de calomnies.

Je comprends très bien, Monsieur le Grand Rabbin, que vous, ministre de paix et de conciliation, vous ne vouliez pas afficher l'attitude défensive qu'il faudrait aujourd'hui réellement prendre partout. Les compromissions mondaines, les nécessités de famille, les relations officielles, justifient certainement le calme d'une quiétude momentanée. La menace n'est pas sur nos têtes pour demain même, je le crois comme vous; mais, si vous la laissez grossir et grandir, elle sera pour après-demain. Louis XV disait : «Après moi le déluge!» et le déluge est, en effet, arrivé. Voltaire a écrit : «Tout est bien comme il est»; et s'il avait vécu cinq ans de plus, il aurait vu que tout n'était pas aussi bien qu'il l'avait cru. Le pessimisme est un défaut, mais l'optimisme en est un plus grand encore. Un grand poète chrétien, qui fut un homme juste, comme le furent plus tard envers nous deux autres grands hommes : Renan et Jules Simon, nous a tracé notre devoir :

> . . . . . Ce secret courroux,
> Cette oisive vertu, vous en contentez-vous?

C'est le Grand Rabbin de Jérusalem qui parlait ainsi à l'éternel Abner, à l'homme juste mais tiède qui est de toutes les époques. Je crois, Monsieur le Grand Rabbin, de France, qu'il ne nous faut plus être des Abner et que vous devez reprendre aujourd'hui le rôle de Joad.

Il me semble que vous allez bien vouloir être de mon avis. Déjà un grand rabbin, M. Auscher, a donné le bon exemple, à Besançon. Je ne crains pas d'amplifier et d'ajouter : un grand exemple.

Le Ministre des cultes était reçu, à Besançon, le 3 de ce mois, par toutes les

autorités de la ville. Au lieu de s'éclipser, de se dissimuler, comme ses confrères ne le font que trop, M. le Grand Rabbin a tenu à affirmer les droits de
la liberté de conscience et de la liberté des cultes et a présenté les Juifs de la
Franche-Comté comme aussi Français que quiconque, et comme prêts à sacrifier leur sang et leur fortune pour la patrie. Il l'a dit sans crainte. Et il a eu le
bonheur de le dire devant un Ministre des cultes qui n'insulte ni ne méprise
les cultes qu'il a à défendre. Aussi, nous avons eu ce consolant spectacle d'un
prêtre glorifiant sa religion et ses ouailles, et d'un membre du gouvernement
l'en félicitant, reconnaissant la vérité de ses paroles et flétrissant de son
mépris, hautement, cette presse sans civisme ni patriotisme qui voudrait ral-
lumer chez nous les guerres religieuses.

Eh bien, Monsieur le Grand Rabbin de France, ce n'est pas sans une certaine
amertume et sans un douloureux regret que j'ai été amené à comparer la
courageuse attitude de M. le Grand Rabbin de Besançon avec ce dont j'ai été
le témoin attristé, à Paris même, il y a bien peu de temps, aux funérailles
d'une des gloires les plus pures de la France.

Lors de la mort de Jules Simon, en effet, est-ce que tout Israel n'aurait pas
dû lui faire cortège jusqu'à sa dernière demeure, ostensiblement, avec tous ses
corps constitués, toutes ses corporations, aux côtés de l'Armée, du Parlement,
de la Magistrature ? Est-ce que tous les Rabbins, vous en tête, le Consistoire
central et son Président, M. Alphonse de Rothschild, l'Alliance israélite et les
autres Sociétés juives, entourées des grandes notabilités, telles que les descen-
dants des ministres Goudchaux et Crémieux, et tant d'autres que vous connaissez bien, si chauds amis de Jules Simon vivant, n'auraient pas dû y prendre
place ? Et quel discours vibrant et sincère vous auriez pu faire sur cette tombe
glorieuse, en votre double qualité de chef du Rabbinat de France et d'Alsacien.....

Mais la *Libre Parole* avait parlé, la veille; elle avait menacé; elle avait
interdit aux Alsaciens de faire honneur à leur illustre ami, et il me paraît que
beaucoup trop d'Alsaciens se sont empressés de lui obéir.

Voilà justement, Monsieur le Grand Rabbin, ce qui me semble intolérable.
Et encore, si ce n'était que cela !... Mais il y a plus : le jour même de ce deuil
national, une des plus hautes notabilités financières et israélites de France n'a
pas craint de donner une fête mondaine, à la mode anglaise, un Garden-Party !
Il me fut, je vous l'avoue, impossible de dissimuler..... ma surprise, et j'écrivis
la lettre ouverte suivante au Président du Consistoire israélite de Paris :

Monsieur le baron Gustave de Rothschild,

Il y a quelques jours, moi, simple particulier, je conduisais à sa dernière demeure un homme,
fils de ses œuvres, plus illustre à mes yeux que ne l'était le Président Carnot, petit-fils du grand
Carnot, dont M. Casimir-Périer, alors Président de la République suivit, tête nue, le convoi
funèbre.

Cet enterrement de Carnot fut un touchant et grandiose spectacle pour la foule attristée, et
je doute fort que vous eussiez osé choisir ce jour-là pour donner un garden-party, et le petit-fils
du grand Casimir-Périer n'aurait pas osé y assister.....

Est-ce que Jules Simon n'était pas un de ces patriotes, de ces penseurs, de ces philosophes qui
sont au-dessus de tous les fils de famille, même des plus méritants comme Carnot et Casimir-
Périer, qui doivent leur situation à leurs ancêtres ?... Les discours de M. le Président Méline et
du Directeur de l'Académie Française sur la tombe de Jules Simon l'ont proclamé avant moi.

Vous me répondrez que Carnot a été assassiné ?... Certes ! mais est-ce que le poignard d'un
misérable étranger ignorant était plus empoisonné que le poignard du soi-disant Français de la
Libre Parole qui a dit :

Alsaciens-Lorrains, ne suivez pas le cercueil de ce renégat !!! — Jules Simon un
renégat !!!

La place que j'occupais à la Madeleine m'a permis de voir tous les assistants, à l'entrée et à la sortie. J'ai remarqué avec un sentiment de douloureuse surprise que beaucoup d'Alsaciens-Lorrains avaient suivi les conseils de la *Libre Parole*. Suivre de pareils conseils, de celui qui nous insulte et nous calomnie tous les jours, pour ne pas rendre un suprême hommage à celui qui nous a toujours soutenus et défendus, c'est une impardonnable lâcheté, une inqualifiable ingratitude!

J'ai remarqué bien des absences injustifiables... Et, en lisant ce matin les *Archives Israélites* et l'*Union Israélite* sous les signatures L. K., d'une part, et H. Prague d'autre part, j'ai été encore plus convaincu que j'avais raison de qualifier comme je l'ai fait certaines abstentions aux funérailles de Jules Simon... Et je crois avoir raison encore plus en vous disant, à vous, Président du Consistoire Israélite : En donnant votre garden-party le jour des funérailles de Jules Simon, vous avez commis une mauvaise action, vous avez fait preuve d'ingratitude.

Mon père disait (et le vôtre devait le dire aussi), en parlant d'hommes du caractère et de la valeur de Jules Simon : « Ce sont de vrais saints, que nous devons aimer et respecter à l'égal de nos plus grands prophètes. Sans eux, nous habiterions encore les Ghettos. »

    Recevez, etc...

                                     JOSEPH ARON.

Je ne saurais à aucun point de vue regretter d'avoir écrit cette lettre, car c'est dans le culte des grands morts que doit se retremper le caractère des vivants. On doit même honorer tous ceux qui disparaissent après avoir fait ou essayé de faire quelque bien pendant leur vie, et votre place était, en effet, marquée à la tête du cortège qui a rendu les derniers honneurs au baron Moïse de Hirsch ; vous y aviez salué en beau langage sa mémoire et ses bienfaits, et, bien que le défunt eût acquis sa colossale fortune avec une... rapidité qu'il vaut mieux ne pas donner en exemple aux jeunes hommes qui commencent leur carrière, il en a, du moins, fait un plus généreux usage que ne fait de la sienne, autrement colossale, la famille de Rothschild.

— On pourrait reprocher assez justement à M. de Hirsch d'avoir été trop parcimonieux envers la France, d'avoir oublié que c'est à elle que les Juifs doivent leur émancipation et que c'est elle qui a proclamé et décrété les Droits de l'homme; au lieu de ne voir exclusivement que le judaïsme en général, il aurait pu, il aurait dû penser plus largement, au moins dans son testament, à des œuvres françaises... Mais, je le répète, cela n'empêche pas qu'il n'eût droit à tous les honneurs qui lui ont été rendus, ainsi qu'à votre très émouvante oraison funèbre.

Seulement, Monsieur le Grand Rabbin, et pardonnez-moi cette sorte d'idée fixe, ce qui me gâte un peu la lecture que je viens de faire à nouveau de votre discours, c'est que vous n'ayez pas fait de même devant le cercueil de Jules Simon, qui le méritait peut-être davantage. C'eût été très beau, en même temps que très simple, de voir le Grand Rabbin de France prendre la place qui lui était due au milieu de tous ceux qui vinrent honorer celui qui avait été notre ami désintéressé — et qui avait aussi été votre ministre des Cultes.

Ce qui me gâte encore plus cette lecture, c'est de voir que votre oraison funèbre, ainsi que le discours de M. Narcisse Leven, vice-président de l'Alliance, ont été publiés dans le même numéro (22 mai 1896) de l'*Univers Israélite*, où s'étale pompeusement la prose de M. Émile Zola, cet écrivain qui, après avoir si bien sali les Rothschild sous le nom de Gundermann, s'est mis un beau matin à défendre nos femmes et nos filles!.....

Permettez-moi, Monsieur le Grand Rabbin, d'en revenir à votre lettre et de vous retenir encore quelques instants.

Je vois, par votre post-scriptum, que vous avez lu ma brochure en réponse à Bernard Lazare, ainsi que les quelques pages que j'y avais ajoutées à votre adresse.

Ainsi, Monsieur le Grand Rabbin, il vous semble que ma petite protestation est tout ce qu'il y a à faire dans la circonstance?... — « Le mensonge, dites vous, n'est pas un délit puni par la loi; la calomnie, même la plus odieuse, *s'attaquant à une classe de citoyens*, ne relève pas de la justice; sans cela ajoutez-vous, il y a longtemps que les Héros de la "Libre Parole" auraient mis une sourdine à leur grosse voix. »

Vous ne pouvez pas cependant approuver la conduite des journaux israélites vis-à-vis de moi?... Ainsi, moi, seul, tout seul, je découvre des documents importants, établissant que Drumont a été un mouchard sous l'Empire, et, toujours tout seul, j'ai le courage de le publier, de l'imprimer et de le prouver... Personne ne m'appuie, personne n'en parle, personne ne propage cette découverte, et le silence de ces journaux fait presque de moi un imposteur!...

Celui qui a insulté tout ce que nous avons de cher et de sacré, nos femmes et nos enfants, est traité par M. Bernard Lazare avec la considération et l'urbanité les plus distinguées, tandis qu'en même temps ce jeune écrivain traite les Juifs avec une sévérité tout à fait injurieuse. Et, chose pénible, les exemples d'en haut semblent lui donner raison! M. Henri de Rothschild, se laissant accuser de meurtre, d'assassinat même, et cela presque journellement (pas plus tard encore que le 4 août), a l'air de justifier la fougueuse imprécation de Lazare contre les juifs :

Pauvres esprits et pauvres cervelles, aveugles et sourds, sans courage et sans énergie... etc., etc.

Je ne saurais être de l'avis que nous en soyons tombés au point que le dit Bernard Lazare. En tous cas, j'espère que nous n'en sommes pas tous là; et, s'il en était ainsi, ce serait aux chefs, à nos plus hautes personnalités, de nous réveiller par la parole, par l'exemple et par l'action.

Au sujet de l'affaire de l'ÉcolePolytechnique, qu'après de mûres et nouvelles réflexions je crois que nos élèves devraient relever, vous croyez qu'il y a du POUR, mais qu'il y a encore *plus* de CONTRE dans mon opinion.

Comment! quand quelques curés, peu puissants, ont, tout récemment, su faire punir des journaux qui les attaquaient COMME CLASSE DE CITOYENS, vous seriez d'avis que la partie la plus instruite du Judaïsme se soumette sans mot dire à l'incroyable outrage que voici :

UN JUIF VOLEUR! QUOI D'ÉTONNANT? Ils le sont tous. Mais celui-ci a ceci de particulier qu'il est élève à l'Ecole Polytechnique, et qu'après avoir très probablement VOLÉ son admission comme il aurait VOLÉ son numéro de sortie, etc...

J'ai reçu 400 coupures de journaux sur cet incident, et, à part quelques exceptions de petites feuilles peu importantes, aucun écrivain n'a osé flétrir ces paroles !... Il appartient donc, selon moi, à la jeunesse polytechnicienne de défendre elle-même son honneur attaqué.

Veuillez, Monsieur le Grand Rabbin, agréer l'expression de mes respectueux et affectueux compliments.

JOSEPH ARON.

Quelques Opinions :

On a lu celle de M. le Grand Rabbin de France.
Voici maintenant celle de l'éminent vice-président de l'*Alliance Israélite :*

>   Mon cher Monsieur,
>
> ..... Vous avez fort habilement et fort utilement démasqué Drumont. Mettre cet homme au pilori, c'est un acte de courage qui est d'autant plus méritoire qu'il est plus rare. Vous le faites en excellents termes. Je vous félicite bien sincèrement.
>
>   A vous.....

Plus tard, du même :

> Votre lettre au *Voltaire* dit en très bons termes ce qu'il y avait à dire.....

Un des plus distingués journalistes israélites nous écrit à la date du 18 août :

>   Mon cher confrère,
>
> Je vous remercie infiniment de l'envoi de votre dernière plaquette.
>
> Comme les francs-tireurs de 1870, vous harcelez l'ennemi et vous le tenez sans cesse en haleine.
>
> Dans cette lutte contre les *condottieri* de l'antisémitisme où nous sommes si peu nombreux à tenir les armes, vous êtes à l'extrême avant-garde où vous déployez un esprit de hardiesse, un entrain et une intrépidité dignes des plus belles prouesses.
>
> Vos coups de feu, s'ils gênent nos adversaires, empêchent les nôtres de s'endormir et c'est un grand service que vous leur rendez, et que naturellement — vous auriez tort de vous en étonner et surtout de vous en plaindre — ils n'apprécient que médiocrement.
>
> Ils voudraient bien, malgré la guerre qu'on leur fait, qu'on leur laissât la paix !
>
> Vous êtes un empêcheur de danser en rond et on ne vous le pardonne pas !
>
> Continuez, mon cher monsieur, à tirailler, à tenir les nôtres en éveil, et que le Dieu d'Israël qui a armé votre plume vous accorde sa toute puissante protection.
>
> Bien à vous.
>
>   H. PRAGUE.

Du docteur Klein, membre du Consistoire israélite de Paris :

>   Très honoré coreligionnaire,
>
> Merci cordialement de votre aimable attention et des intéressantes publications que vous avez eu l'obligeance de me faire parvenir.
>
> Mais surtout merci de m'avoir fait faire la connaissance d'un homme qui fait honneur à notre race par ses actes d'humanité et de dévouement auxquels on reconnaît le descendant des patriarches.
>
> Je suis persuadé que votre meilleure manière de combattre nos ennemis, c'est de publier ce que j'appellerai le livre d'or du Judaïsme.
>
> Votre biographie de Goudchaux est un argument qui laisse sans réplique toutes les calomnies que pourrait inventer un Drumont.
>
> Les actes du greffier Kahn, prouvées par des pièces authentiques, sont de nature à détruire, dans les esprits les plus crédules, la mauvaise impression que peut produire la vue d'une copie d'un tableau de fantaisie représentant un crime imaginaire.
>
> Veuillez agréer, très honoré coreligionnaire, avec mes bien vifs remerciements, l'assurance de ma parfaite considération.
>
>   Docteur KLEIN.

LES MENSONGES DE DRUMONT

SUIVI DE

MON PAUVRE DRUMONT

(VINGT ET UNIÈME MILLE)

Par Joseph ARON

SOMMAIRE

I

Michel Goudchaux. Ignoble article de M. Edouard Drumont contre l'ancien ministre des finances du Général Cavaignac. Notre appel à la famille Goudchaux; silence de cette famille. L'œuvre de Michel Goudchaux, sa carrière, son portrait.

M. Emmanuel Arago et M. Cavaignac, ministre de la guerre. — Le banquet contre le Sénat présidé par un sénateur. — L'entrevue connue et l'entrevue non encore connue entre Michel Goudchaux et James de Rothschild en 1848.

Le Meurtre Rituel. Stupidité, à ce sujet, de la *Libre Parole*.

Edouard Drumont ancien juif, catholique d'un genre à part. — Son ami Odelin.

Drumont se condamnant lui-même à l'exil et s'amnistiant de même.

Notre télégramme du 25 mars 1896.

Rothschild et ses pourboires à la magistrature (d'après Drumont).

Déroulède, Mme Adam. — Le Centenaire de Clovis.

Histoire d'un greffier juif sous la Commune.

Bel exemple à citer; un juif qui a tout fait pour sauver l'Archevêque de Paris, le Président Bonjean et d'autres otages.

Témoignage des historiens de la Commune.

Lettre du Président Bonjean.

Le docteur Legrand du Saulle et le greffier du Dépôt Arthur Kahn. — Un bel autographe.

II

Me Waldeck-Rousseau et l'Esclavage en France; un roi de la finance et un candidat à la Présidence de la République.

PLÉBISCITE SUR UN PORTRAIT

M. Abraham Dreyfus, auteur dramatique. — Une boîte aux lettres éventrée. 7237 NON contre 6973 OUI.

A la majorité de 264 voix, NON, Edouard Drumont n'est pas juif.

LETTRE D'UN ANCIEN FONCTIONNAIRE DU MINISTÈRE DE L'INTÉRIEUR

Complot bonapartiste. — Ignobles menées contre le Président Carnot. — Un ancien mouchard de l'Empire. — Le complice de Stamir et Marchal.

L'INFLEXIBLE

M. Edouard Lockroy. — Mme Séverine et Jules Vallès. — Henri Rochefort et le *Figaro*.

LE DIABLE A QUATRE

H. de Villemessant et Louis Veuillot : — Le journal *l'Univers* et ses émissions. — Lettre de Louis Veuillot. — Spirituel autographe. — Drumont recommandé chaudement par le célèbre dévot. — Albert Wolff et un imprimeur belge. — Un *Bon à tirer* de Drumont pour un journal de bas-policiers. — Autographe exquis. — Jules Vallès et Victor Noir.

Une *Épreuve* authentique du *factum L'Avant-garde* de « *l'Inflexible* ».

DÉPOT

1, Rue Condorcet, Paris

Prix : 50 Centimes

En vente dans les principaux kiosques

LA RÉSURRECTION DE LAZARE

PAR
Joseph ARON

DÉPOT : 1, Rue Condorcet, 1, PARIS.

Prix : 50 centimes. — Envoi franco en France et à l'étranger

SOMMAIRE :

Le Concours de la *Libre Parole*.

E. Drumont (connu en 1868, dans les bureaux de la police de Sûreté de la rue de Jérusalem (1), sous le pseudonyme de MARC), s'étant mis en tête d'ouvrir un concours sur la Question Juive, M. Bernard Lazare, publiciste de talent, demanda à faire partie du jury. Malgré l'avis de ses fougueux et ardents collaborateurs, Drumont consentit à l'accepter, quoique juif. D'où, congratulations mutuelles; jamais juif n'avait trouvé plus aimable antisémite, jamais antisémite n'avait trouvé un juif aussi charmant!... On se serait cru à l'âge d'or!...

Mais, bientôt, il faut déchanter. — Bernard Lazare veut s'occuper activement des œuvres des concurrents, et Drumont exige de ce juré, admis par faveur, qu'il reste passif, aveugle et muet. « Il n'est qu'un sale juif comme tous les autres, ce Bernard Lazare! Il représente bien le *goujatisme* du ghetto! Ah! mais, s'il ne se tient pas à genoux devant les autres jurés, cela se gâtera; on saura bien l'amener sur un autre terrain..... etc., etc. »

Duel Bernard Lazare—Drumont.

Ayant voulu faire partie de ce jury malgré les avis de gens sincères, Bernard Lazare va se battre malgré les mêmes avis. — Duel à la Gambetta-Fourtou (toutes proportions de personnes gardées). — Paul de Cassagnac, dont le panache retombe un peu depuis quelque temps, profite de l'occasion pour renouveler à Drumont les louanges qu'il prodiguait, en 1868, au même Drumont, à Stamir et à Marchal, tous trois rédacteurs de l'*Inflexible*, journal de diffamations fondé jadis spécialement contre Henri Rochefort et contre le *Figaro*. — Remerciements de la *Libre Parole* à Cassagnac et à la *France Libre* de Lyon.

Lettre ouverte à Bernard Lazare.

Réponse à Bernard Lazare sur sa dernière brochure : *Contre l'Antisémitisme — Histoire d'une polémique.* — Triste opinion de Bernard Lazare sur les Juifs. — La brochure bien différente de Bernard Lazare en 1895, et bien supérieure aussi : *Lettres prolétariennes.* — L'*Alliance Israélite* et Bernard Lazare. — Les Juifs riches et les Juifs pauvres. — M. Hubner, notable commerçant, dans le *Stentor* du 30 juin.

Le Plébiscite sur Drumont (14,210 votants).

Silence curieux de Bernard Lazare, dans le *Voltaire* et le *Public* de M. L. L. Klotz, sur l'un des plus intéressants procès de presse de l'année : L'ancien Préfet de Police Kératry contre Joseph Aron en première instance, et Joseph Aron contre l'ancien Préfet de Police Kératry en cours d'appel et de cassation. — Silence non moins étonnant, à ce sujet, de presque toute la presse parisienne.

Extraits des remarquables études de M. l'avocat général Cruppi sur les procès de presse, dans la *Revue des Deux Mondes*. — « Le procureur à la prison » jugé par M. l'avocat général Cruppi.

La Vitrine de la rue Condorcet.

Protestation contre diverses idées de Bernard Lazare. — L'*Univers Israélite* pour Zola, Camille Dreyfus et Bernard Lazare. L'auteur de *Nana*, de *Pot-Bouille* et de la *Terre*. — Jésus-Christ et le Moulin-Rouge. — Jules Simon et le garden-party de M. de Rothschild.

Les Capitalistes chrétiens.

Guillaume II, Empereur d'Allemagne, contre les gens de Bourse. — Michel Goudchaux. — Les Mensonges de Drumont; — Mon pauvre Drumont!

L'Académie des Goncourt.

Victorien Sardou. — L'Étoile de Counani et la Toison d'or. — Henry Céard et le comte de Kératry.

Lazare, lève-toi!

(1) Cette rue, de nom suffisamment judaïque, disparut du jour où Drumont cessa d'en être l'hôte. De là peut-être l'origine de la Question juive.　　　　J. A.

LE DIEU DE LA BOURSE

D'APRÈS

ÉMILE ZOLA

« Gundermann venait d'entrer, le banquier-roi, le maître de la Bourse
« et du monde, un homme de 60 ans, dont l'énorme tête chauve, au nez
« épais, aux yeux ronds à fleur de tête, exprimaient un entêtement et
« une fatigue immenses..... Souffrant depuis 20 ans d'une maladie d'esto-
« mac, il ne se nourrissait absolument que de lait. Tout de suite le per-
« sonnel fut en l'air pour apporter le verre d'eau. Moser, l'air anéanti,
« contemplait cet homme qui savait les secrets, qui faisait à son gré la
« hausse et la baisse, comme Dieu fait le tonnerre; beaucoup de bour-
« siers en train de partir restèrent debout entourant le dieu, lui faisaient
« une cour d'échine respectueuse et le regardaient avec vénération,
« prendre le verre d'eau d'une main tremblante et le porter à ses lèvres
« décolorées..... »

(Extrait de *La Résurrection de Lazare*, qui se trouve en vente dans les principaux
kiosques.)

Imprimerie Paul Schmidt, 5, avenue Verdier, Montrouge.

JOSEPH ARON

LES

MENSONGES

DE

DRUMONT

SUIVI DE

Mon pauvre Drumont !

(Vingt et unième mille)

Prix : 50 Centimes

PARIS

1, RUE CONDORCET, 1

1896

MICHEL GOUDCHAUX

, Nous regrettons qu'aucun membre de la famille Goudchaux n'ait jugé à propos de relever l'inqualifiable appréciation et les calomnies de M. Drumont sur le ministre des finances du général Cavaignac, Michel Goudchaux.

Le jour même de la publication d'un article du « *Didot-Bottin de la calomnie* », où, du reste, M. Drumont ne faisait que reproduire ce qu'il avait déjà dit contre Michel Goudchaux dans la *France Juive*, nous nous empressâmes d'écrire, à tous les membres de la famille intéressée à relever de telles diffamations, la lettre suivante :

Avant de vous exposer le but de ma lettre, permettez-moi de vous rappeler que, le 28 juin 1895, à la suite d'un article indigne de la *Libre Parole* sur les Lazard, dont l'un, M. Elie Lazard, a eu l'honneur d'épouser une des filles de M. Goudchaux, ancien ministre des Finances, j'écrivis une lettre ouverte à M. Edouard Drumont, que j'ai reproduite dans le numéro 2 de l'*Or et l'Argent*. Cette lettre me valut différents articles injurieux.

Depuis ce moment, le silence se fit dans la *Libre Parole*. Drumont occupé à défendre madame Séverine, obtenait pour elle du syndicat de la presse, présidé par M. Mézières, un certificat d'honnêteté qui place évidemment le ministériel Rochefort au rang des calomniateurs. Les paroles de Drumont reprennent donc depuis ce certificat une certaine importance et méritent qu'on s'y arrête.

Bien plus : le silence gardé au banquet de Saint-Mandé (présidé par Emmanuel Arago), le 24 février, par les prétendus amis de Michel Goudchaux, rend plus odieux encore l'article que le triste pamphlétaire de la *Libre Parole* publie ce matin contre l'honnête homme qui fut deux fois ministre des Finances en 1848. Dans le cas où cette ignoble attaque ne serait pas tombée sous vos yeux, en voici quelques passages :

« ..... Crémieux, qui n'avait jamais été nommé membre du gouvernement
« provisoire, ajouta son nom à la liste en allant proclamer les noms sur la
« place de l'Hôtel-de-Ville et se saisit prestement du ministère de la Justice,
« ce qui lui permit d'empêcher toutes les poursuites contre les Juifs.

« Une fois logé, il parvint à abuser de la candeur de Lamartine et installa
« le Juif Goudchaux au ministère des Finances.

« Sans Goudchaux, Rothschild était perdu..... Le gouvernement n'avait qu'à
« empoigner ce banqueroutier et qu'à le déposer à Mazas qui, justement, venait
« d'être construit.

« Le bon Goudchaux, vous le devinez, se garda bien d'agir ainsi; il considé-
« rait comme valable la théorie de Rothschild que la parole donnée au « goy »
« n'engage pas le Juif. Non-seulement il admit, en secret, cet homme qui
« venait de manquer à ses engagements envers l'État, à une nouvelle émission
« de 13 millions de rente 5 pour cent à d'excellentes conditions, mais encore
« il poussa l'amabilité jusqu'à lui fournir les fonds nécessaires au service de
« l'emprunt grec.

« Ici, Capefigue tombe frappé d'admiration, et nous nous expliquons ce sen-
« timent. Dans l'histoire, je connais peu d'épisodes plus amusants. Le peuple
« est tout noir de poudre, il meurt de faim sur les pavés qu'il a remués; tous
« les ateliers sont fermés; enfin il est vainqueur, il est émancipé, il a assuré
« la liberté du monde, il a réussi... à quoi ? A mettre au ministère des Finances
« un obscur changeur juif : le Goudchaux..... »

Voilà de la belle histoire, voilà de la bonne foi ! Pauvre Michel Goudchaux !
Lui ! que Lamartine appela d'abord au ministère et que Cavaignac y rappela
quelques mois après !..... Travestir à ce point le beau rôle qu'il y joua par deux
fois, autant contre les utopistes que contre les routiniers; lui qui, en face de
Fould, fut le financier loyal et patriote !.....

Eh bien ! malgré sa fidélité jusqu'au bout à la République, malgré son atta-
chement sincère et désintéressé au général Cavaignac, personne n'a pris et ne
prendra la défense de sa mémoire ! Personne, pas même le ministre de la guerre
actuel.

Vraiment, Messieurs, la peur de Drumont glace trop les courages. Je suis
convaincu qu'aucun journal n'osera relever les injures de ce matin contre
l'obscur changeur juif : le Goudchaux.

C'est donc à l'un de vous, Messieurs, c'est à un des membres de la famille
de ce changeur! qu'il appartient, ce me semble, d'élever la voix et de rétablir
les faits tels qu'ils sont.

J'ai la triste expérience que les calomnies non réfutées portent hélas! toujours
leurs fruits.....

A défaut d'un autre journal, les colonnes de l'Or et l'Argent vous sont toutes
grandes ouvertes, Messieurs, dût la publication de vos légitimes indignations
m'attirer encore des insultes, comme naguère on en déversa sur moi pour avoir
défendu les Lazard.

Je me tiens à votre disposition, messieurs...

Quelques jours après, le représentant le plus autorisé de la famille de Michel Goudchaux, M. Georges Goudchaux, fils de l'ancien ministre, nous écrivit qu'il ne pouvait répondre que par le mépris aux publications de M. Drumont.

Cette théorie du mépris me paraissant absolument dangereuse pour les calomniés, j'adressai à M. G. Goudchaux le nouvel appel suivant :

Paris, le 4 mars 1896.

Monsieur,

Je regrette que vous ne paraissiez pas avoir compris la portée de ma lettre du 25 février. Je respecte, croyez-le bien, le sentiment qui vous fait dédaigner les attaques contre la mémoire de votre honoré père, puisque vous affirmez que telle était sa volonté suprême; — peut-être n'avait-il pas prévu de nouvelles guerres religieuses en France?

Quant à croire que le silence gardé par vous et par les autres membres ou alliés de la famille laissera la mémoire de votre père au-dessus de toute suspicion, c'est peut-être une erreur. Vous et quelques autres savez bien qu'il fut toujours entouré de son vivant du profond respect de ses contemporains, même de ceux qui étaient ses ennemis politiques; mais les générations se remplacent.....

La preuve que Drumont n'est pas une quantité négligeable, comme vous semblez le croire, c'est que grâce à ses attaques votre cousin M. Goudchaux, qui s'était porté candidat au Sénat en Seine-et-Oise en se recommandant auprès des électeurs du nom et de la mémoire de votre regretté père, échoua piteusement.

Du reste, cher Monsieur, j'ai cru accomplir un devoir en écrivant la même lettre qu'à vous aux principaux membres de la famille Goudchaux. Aucun n'y a répondu, excepté vous.

Aujourd'hui, riches, vos parents, qui n'ont certainement pas, eux, reçu comme vous les instructions de votre respecté père, pensent sans doute, comme pense Drumont du reste, que leur fortune les mettra en mesure, le jour venu, de se garer d'un mouvement anti-sémite, quelque violent qu'il puisse être; et que les Juifs pauvres seuls souffriront; écoutez le Drumont, comme vous l'appelez; entendez ce qu'il dit dans son article contre votre père : « Les grands Juifs qui tiennent tous les fils, sont certains dans tous les cas d'être prévenus à temps, de pouvoir prendre leurs précautions, changer leur orientation, chercher une diversion et un point d'appui. »

Tant pis, cher monsieur Goudchaux, si la lâcheté morale qui règne un peu partout aujourd'hui permet à un Drumont, pour les besoins de sa cause, de falsifier l'Histoire, sans qu'une seule voix indignée ose se faire entendre, et cela par peur d'être pris personnellement à partie par cet homme..... le Didot-Bottin de la calomnie.

Mais laissons les parents de l'honnête ministre de 1848 à leur égoïste repos; l'exemple, d'ailleurs, leur vient d'en haut; le sévère piétiste qui dirige les armées de France, l'austère Quaker fils de l'ami intime de Goudchaux, n'aurait-il pas dû élever la voix pour défendre contre Drumont le ministre du général Cavaignac? Il ne l'a pas fait! Eh bien! soit; plus d'héritage moral dans les familles, plus de souvenir dans les amitiés! chacun pour soi!.....

Mais cela ne m'empêchera pas, moi qui me rappelle combien mon père honorait le vôtre, de protester et de faire ce qu'aurait dû faire la famille de Michel Goudchaux.

Recevez, cher Monsieur, etc.

Aujourd'hui, que M. Drumont est dégagé des soucis et des sollicitudes que lui a, pendant deux mois, causés l'affaire correc-

tionnelle « Max Lebaudy », il me semble qu'il peut prendre le temps
d'examiner plus attentivement le rôle rempli par Goudchaux en
1848 et de reconnaître loyalement l'erreur qu'il a commise en
diffamant ce journaliste honnête, ce bon citoyen, cet homme d'Etat
de clairvoyance et de talent.

Toutes les Encyclopédies sont d'accord là-dessus et résument,
toutes, les mêmes faits et le même jugement que nous reproduisons
du Larousse :

EXTRAITS DE PIERRE LAROUSSE

GOUDCHAUX (Michel), banquier et ancien ministre français, né en 1797, mort
en 1862. Il était issu d'une famille israélite de l'Alsace. Son père avait acquis
une fortune considérable à Paris, où il comptait parmi les principaux banquiers. A sa mort, son fils, encore très jeune, se trouva à la tête de la
maison de banque, et la dirigea avec une intelligence qui en accrut la prospérité. Les conspirations, les procès de presse, les manifestations de toutes
sortes occupaient alors exclusivement l'opinion publique. Sans être personnellement engagé dans aucune de ces aventures le jeune financier passait pour un
des partisans les plus actifs de l'opposition. Après la révolution de Juillet,
GOUDCHAUX fut élu membre du conseil général de la Seine. En 1832, il devint
payeur de la guerre à Strasbourg. Mais, s'apercevant bientôt que la nouvelle
royauté ressemblait beaucoup trop à celle qu'a le avait remplacée, il rentra
ouvertement dans l'opposition, et le ministre des finances, en 1834, révoqua
son subordonné.

GOUDCHAUX entra bientôt au *National*, lui fournit des fonds et y traita les
questions financières. Il combattit surtout avec ardeur la législation sur les che-
mins de fer dont il voulait réserver à l'Etat la propriété et l'exploitation immé-
diate. Il publia, en outre, divers écrits : lettres à M. Humann sur la conversion
de la rente. De la prorogation du privilège de la banque. Il fut au nombre de
ceux qui préparèrent le plus activement la révolution de 1848; de ceux qui, le
le 21 février, assignèrent un programme à l'insurrection, qui réglèrent les posi-
tions stratégiques de la garde nationale, et qui des bureaux du *National*
avaient fait le foyer d'où le mot d'ordre de la révolution rayonnait sur tout
Paris.

Le soir du 24 février, lorsque le gouvernement provisoire se réunit pour la
première fois à l'Hôtel de Ville, et composa le premier ministère de la République, M. GOUDCHAUX reçut le portefeuille des finances. La nomination de
M. GOUDCHAUX produisit une impression rassurante pour les capitaux alarmés ;
on avait la plus haute idée de son honorabilité. Il voulut justifier cette confiance. Au lieu de la banqueroute qu'on redoutait, il fit décréter que le Trésor
anticiperait le payement du semestre de la rente 5 0/0. GOUDCHAUX se retira du
ministère le 5 mars 1848. Il n'avait été ministre que neuf jours. Il eut pour
successeur Garnier-Pagès. Au mois d'avril suivant, il fut au nombre des candidats proposés aux électeurs de Paris pour les élections générales la Constituante;
il n'obtint pas un nombre suffisant de voix, mais, aux élections complémen-
taires du mois de juin, il fut élu par 188,000 suffrages environ.

Devenu chef du pouvoir exécutif après les journées de juin 1848, le général
Cavaignac s'empressa de rappeler GOUDCHAUX au ministère des finances, que
laissait vacant la démission de M. Duclerc. GOUDCHAUX se montra l'ennemi des
expédients financiers, et revint à l'idée de rétablir la confiance en affirmant la

solvabilité de l'Etat. Il fit décréter que tous les bons du Trésor restés en souf-france seraient payés en rentes sur l'Etat; que les dépôts des caisses d'épargne seraient remboursés avec des titres de même nature. Mais un des actes les plus importants de son administration fut une mesure hardie, populaire et en définitive excellente, même au point de vue financier : la réforme postale. Dans la séance du 24 août 1848, il fit voter par la Constituante une loi qui supprimait les zones servant de bases aux différences de taxe, et établissait le tarif uni-forme et réduit. La poste qui, avant la réforme, produisait 46,000,000 (1848) rapportait, vingt ans après, en 1868, environ, 88,000,000. Au mois d'octobre sui-vant GOUDCHAUX se retira du ministère, où il eut pour successeur M. Trouvé-Chauvel. Tout en se séparant du général Cavaignac, GOUDCHAUX, continua à le soutenir à la Chambre, et il fit partie de la majorité qui lui resta fidèle jusqu'à l'élection présidentielle du 10 décembre 1848. GOUDCHAUX vota toujours depuis dans le sens républicain; mais, étranger aux luttes violentes qui régnaient sans cesse dans l'orageuse assemblée pendant les derniers mois de son existence, il ne prenait la parole que dans les questions économiques et financières. C'est dans un de ces débats, le 21 avril 1849, que se produisit, entre GOUDCHAUX et Fould, la discussion qui causa une si vive impression, non seulement à la Chambre, mais dans tout le pays. Cette scène parlementaire mérite d'être rap-pelée : Fould y fut convaincu d'avoir conseillé la banqueroute, et GOUDCHAUX donna des preuves de l'énergie qu'il avait mise à repousser ce conseil. La dis-cussion dégénéra en une véritable tempête. Fould, on le sait, devint plus tard le ministre des finances de Bonaparte.

Cette bruyante journée marque la fin de la carrière politique de GOUDCHAUX. Quelques jours après, la Constituante se dissolvait pour faire place à la Législa-tive. M. GOUDCHAUX ne fut pas réélu. Il resta éloigné des affaires publiques jus-qu'aux élections générales de 1857. Porté alors sur la liste des candidats de l'opposition à Paris, il fut élu, mais il refusa le serment et ne siégea pas au Corps Législatif.

Mais, en dehors de tous les Dictionnaires des contemporains, il n'y a qu'à suivre le *Moniteur Officiel* de 1848 ; le rôle honnête de Goudchaux y apparaît à chaque acte, à chaque débat parlemen-taire, pendant tout le cours de ses deux ministères.

Il faut bien se garder de traiter les calomnies par le mépris ; en les méprisant, en n'y répondant pas, on les laisse se répandre, se reproduire, se vulgariser ; et, cinquante ans après, un homme de bien passe aux yeux des générations suivantes pour avoir été un homme taré. Pourquoi donc ne pas réagir? Si les honnêtes gens ne se décourageaient pas, s'ils s'unissaient pour parer les coups des gredins, ceux-ci ne triompheraient pas aussi bruyamment, ni aussi longuement.

M. Emmanuel Arago, le sénateur qui, le 24 février dernier, présidait le banquet contre le Sénat, connut Michel Goudchaux dans les conseils du gouvernement de 1848. M. le ministre de la guerre Cavaignac sait que sa mère resta toujours en relations intimes avec la veuve du ministre des finances de son père. Si M. Cavaignac et M. Arago, indignés justement, avaient protesté contre les accusations do M. Drumont, celles-ci fussent tombées d'elles-mêmes, le premier jour. Mais aucun des deux n'a dit un mot. Chacun songe aux scrutins de la séance du lendemain, aux combinaisons de couloirs; défendre les amis morts, ce serait du temps perdu!...

Or, Mme veuve Goudchaux vit dans un modeste appartement, et son fils travaille à Lyon. — Michel Goudchaux, banquier considérable et non pas *obscur changeur*, est sorti appauvri de ses deux ministères...

Est-ce que ces faits-là sont d'accord avec l'accusation de complicité d'un ministre — et d'un ministre des finances surtout! — avec le baron James de Rotschild?... Non évidemment; et pourtant cela n'empêchera pas M. Drumont de continuer à le dire et à appeler en même temps James de Rotschild un *banqueroutier!*...

Nous ne nions pas qu'en 1848 il y eut une entrevue célèbre entre Michel Goudchaux et le baron James; nous en connaissons tous les détails et nous affirmons que les héritiers de l'ancien ministre ont lieu d'être fiers de ce qui se passa dans cette entrevue. Nous espérons que les renseignements *certains* que l'on nous a communiqués confidentiellement, on nous permettra de les publier un jour.

Nous espérons aussi que M. Odelin, qui nous fit l'honneur de nous rendre visite pour nous donner des détails si édifiants sur les *dessous* de la *Libre Parole* et sur la lourde chaîne qui lie M. Drumont à de grands financiers cosmopolites, nous communiquera, cette année même, les documents qu'il nous promit alors... Et, jusque-là, malgré son article du 1er avril, intitulé : *Solution*, nous nous refuserons à croire que M. Drumont a conscience du mal qu'il fait à la France à l'extérieur.

Et des gens, de braves gens même, croient à toutes les balivernes de la *Libre Parole!*... Elle, il est vrai, n'y croit pas. Tenez, prenons, par exemple, ce que M. Drumont appelle le Meurtre Rituel :

Qui, même parmi les plus ignorants paysans des campagnes les plus reculées, n'aurait éclaté de rire, il y a dix ans, en entendant raconter que les Juifs ont besoin d'égorger des enfants et d'avoir leur sang pour des cérémonies religieuses, pour de mystérieux sacrifices?... C'est plus grotesque que de venir rappeler le culte du Vaudou en Haïti, les égorgements humains de la première Gaule, la mort de la fille de Jephté et le meurtre d'Iphigénie; tout le monde en conviendra, mais, tout de même, il se trouvera — dans quelques années — en dehors de ceux qui sont intéressés à propager ces bêtises, en dehors des pourvoyeurs et des délateurs de profession, quelques bons naïfs qui se diront : « Tiens! même à la fin du XIX° siècle, les Juifs égorgeaient donc les petits chrétiens? »

Et alors, plus tard, quand on ne saura plus ce que fut exactement M. Drumont, ancien juif, catholique d'un genre à part, homme d'argent impitoyable (comme il le fut vis-à-vis de son ami Odelin), — personne ne sera plus là pour dire et prouver que ces délateurs de profession, ces pourvoyeurs du Parquet ont filé à l'étranger au premier changement sérieux de ministère et ont tremblé dans leur peau et baissé de ton pendant toute la durée de chaque instruction contre des anarchistes ou des maîtres-chanteurs!...

Profitant de l'exhibition d'un tableau sans valeur, M. Drumont, à court de copie parce qu'il était prudent de ne plus insulter la magistrature jusqu'à l'issue d'un procès qui n'était pas sans l'intéresser, nous a servi à nouveau, le 25 mars, son fameux *Meurtre Rituel*, dont il avait joué deux fois, à faux et sans succès, dans ces dernières années...

Nous avouons que nous nous sommes laissé emballer et que nous lui avons aussitôt envoyé cette lettre :

Vous ne reviendrez donc jamais à la bonne foi, Monsieur Drumont? Vous qui croyez moins que toute autre personne, en votre qualité de descendant de Juif, au meurtre rituel, vous en jouez encore? Vous faites comme les mandarins chinois qui font massacrer les prêtres catholiques en les accusant de se servir du sang humain pour faire la Sainte Hostie? Vous excitez vos lecteurs à l'assassinat de M. Zadoc Kahn, par exemple, comme sous la Commune l'on excitait jadis à celui de l'archevêque de Paris! Ce n'est même plus spirituel, comme vous l'êtes souvent.

Aller emprunter de l'argent, avec Morès, à Cornélius Herz, avoir des bailleurs de fonds juifs pour soutenir la *Libre Parole*, voilà de la bonne guerre contre les Juifs; vous les frappez spirituellement en frappant à leur caisse.

En insultant le président Baudoin, le 16 janvier 1895, pour le louanger le lendemain quand il eut donné gain de cause dans votre affaire d'argent contre votre ami « Odelin la crapule », vous étiez encore amusant.

Pourquoi ne pas rester dans la note spirituelle et dans la note amusante? Il me semble que vous baissez un peu depuis quelques temps : pendant tout le temps que votre entourage sacré a eu peur de paraître en police correctionnelle, ou y a comparu, vous n'avez plus outragé un seul magistrat! On l'a remarqué, croyez-le bien... Pourquoi vouloir vous rattraper de cette défaillance, un peu intéressée, en la faisant au fanatisme chinois et en prêchant les massacres? La note devient lourdement prudhommesque.

Restez donc le *lettré*, et ne devenez pas le *mandarin*... C'est avec sincérité que je voudrais ne pas vous voir tomber en plein dans le ridicule.

Peine perdue, évidemment, que cette lettre! — M. Drumont savait et sait aussi bien que nous tous qu'il venait de mentir. Il a dû rire de ma naïveté, comme le père Loriquet et M. Victorien Sardou ont dû, eux aussi, rire des applaudissements qu'ont, à soixante ans de distance, récoltés leurs étranges Histoires de la Révolution française.

Notre consolation est que tous ces farceurs ne rient pas toujours; par exemple, quand on leur met le nez dans leurs palinodies. Prenons l'affaire Odelin-Drumont, si vous voulez :

Le 16 janvier 1895, M. Drumont, en fuite depuis l'avènement de M. Casimir-Périer et ayant une affaire d'argent à régler avec son ami Odelin (qu'il appela alors Odelin-la-Crapule), écrivait sur le Président du Tribunal civil de la Seine, M. Baudoin, cette jolie appréciation :

.....« Mon traité me donne la propriété du titre, mais il est certain que, moyennant un pourboire de Rotschild, le président du Tribunal civil, qui vient déjà de commettre une si belle canaillerie, n'hésitera pas à en commettre une seconde en me dépouillant de tous mes droits qui me sont garantis par un traité formel..... »

M. le président Baudoin ayant donné tort à M. Odelin, M. Drumont écrivait, le 23 janvier, HUIT JOURS APRÈS :

.....« Le président du Tribunal qui, paraît-il, est un brave homme, a reconnu qu'on s'était joué audacieusement de sa bonne foi..... »

C'est beau la conviction! c'est beau la loyauté!... Et M. le président Baudoin peut, en vérité, être fier de ce certificat, aussi sincère que désintéressé!...

Il en est de même, chez M. Drumont (en fait de conviction et de sincérité) pour tout ce qu'il avance, pour tout ce qu'il soutient. Il met au pinacle M. Déroulède, qu'il a insulté; il porte aux nues Mme Adam, qu'il a outragée... Si M. Drumont se rend au quatorzième centenaire du roi Clovis, il en sera certainement le plus bel ornement, car nul mieux que lui n'a pratiqué sans cesse la fameuse déclaration : « Brûle ce que tu as adoré; adore ce que tu as brûlé... »

Si encore, de loin en loin, une fois par hasard, un peu de loyauté apparaissait dans toute cette œuvre de haine, on pourrait croire aux convictions de M. Drumont. Ainsi, nous avons déjà publié, et adressé à l'auteur de la *France Juive*, l'histoire d'un greffier juif sous la Commune, avec les preuves à l'appui... En a-t-il profité pour dire qu'il y a au moins un juif méritant entre tant de juifs abominables? Point du tout; cela le gênerait dans sa thèse. Qu'importe ce courageux obscur? Jamais on ne fera avouer au calomniateur qu'il y a un juif à féliciter, à donner en exemple, à aider...

Que l'on juge, cependant, l'homme que nous recommandions; cela en vaut la peine. M. Drumont, dans tous les cas, ne révoquera pas en doute le récit de Maxime Ducamp?

JOSEPH ARON.

UN GREFFIER JUIF SOUS LA COMMUNE

Les convulsions de Paris, par Maxime Ducamp, de l'Académie française. Hachette (1881), page 66 et suivantes.

Si les otages n'ont pas été massacrés aux dernières heures de la Commune ils le doivent aux greffiers, brigadiers, sous-brigadiers et surveillants appartenant à l'administration normale, qui n'ont point abandonné leur poste, ont tenu tête aux fédérés, et, au moment suprême, se sont associés à la résistance des prisonniers. Ceci ressort de tous les documents qui ont passé sous nos yeux, et nous ont permis d'entreprendre cette étude de pathologie sociale; mais si les surveillants soupçonnés, injuriés, menacés par les gens de la Commune n'ont point abandonné les maisons pénitentiaires dont ils avaient la garde, c'est à M. Bonjean qu'on le doit.

Il avait précédé les otages ecclésiastiques, car le premier de ceux-ci fut l'abbé Blondeau, curé de Plaisance, arrêté le 31 mars. Seul dans sa cellule, assis sur l'escabeau de bois ou étendu sur le grabat, M. Bonjean avait réfléchi; il ne se faisait aucune illusion sur les hommes d'aventures qui s'étaient emparés de Paris; il s'attendait à un nouveau 2 septembre, il croyait à un nouveau massacre dans les prisons et était persuadé que la Commune incarcérerait tout ce qu'elle parviendrait à découvrir de gens considérables par leur position, leur fortune ou leur nom. Il résolut donc, pour assurer quelque protection aux détenus qui ne manqueraient pas d'être jetés derrière la porte des geôles, d'user de son influence pour engager le personnel des surveillants à rester au devoir. La situation de ces braves gens était critique et très embarrassante; ils n'ignoraient pas qu'ordre avait été donné à tout employé du gouvernement de se replier à Versailles; rester, c'était en quelque sorte s'associer à des faits de révolte; s'en aller, c'était livrer les détenus aux fantaisies de la Commune. Cette question, d'où leur avenir pouvait dépendre, les troublait beaucoup, ce fut M. Bonjean qui dénoua la difficulté.

Le 29 mars il avait reçu pendant une absence de Garreau (directeur), la visite du second greffier de la maison de justice, il l'avait adjuré de ne point quitter la Conciergerie et de veiller sur les gendarmes qui y étaient enfermés. Cette recommandation ne fut point oubliée, nous le verrons plus tard.

Il connaissait trop l'administration pour ne pas savoir qu'elle obéit à une hiérarchie indispensable et que les surveillants resteraient indécis tant qu'ils pourraient ne pas se croire approuvés par leur chef direct; or, ce chef direct était à Versailles, et les routes n'étaient point positivement libres. M. Bonjean, se fiant sans réserve au dévouement que les employés de la prison lui témoignaient, soumit à M. Paul Fabre, procureur général à la Cour de cassation une lettre datée du 30 mars 1871, sept heures du matin, dont le texte même est sous nos yeux et qui eut d'inappréciables résultats.

Mon cher Procureur Général. Des notes insérées dans plusieurs journaux invitent les employés des diverses administrations de Paris à cesser tout service dans cette ville pour se rendre à Versailles. Je ne sais si ces notes ont un caractère officiel, mais ce qui est évident pour moi, c'est que la mesure dont elles parlent, étendue aux employés des prisons pourrait devenir fatale à une foule d'honnêtes gens actuellement détenus à Paris sous divers prétextes. Cependant, à la lecture de ces notes, beaucoup d'employés hésitent ; quelques-uns même, craignant d'encourir la disgrâce du gouvernement ont déjà abandonné leur service, au grand chagrin des pauvres prisonniers. Autant que j'ai pu, du fond de ma cellule, j'ai combattu une tendance si funeste, non certes dans l'intérêt de ma sécurité personnelle dont je ferais bon marché, mais pour celle d'environ deux cents gendarmes, sergents de ville, commissaires de police et autres fonctionnaires en ce moment détenus au Dépôt seulement dont la sûreté pourrait être compromise par la désertion en masse de l'ancien personnel, composé, vous le savez, d'hommes choisis parmi les meilleurs sujets de l'armée et qui comprennent mieux que ne le feraient peut-être ceux qui les remplaceraient qu'à côté du devoir d'empêcher les prisonniers de sortir, il y a pour eux le devoir plus sacré encore de les protéger contre toute violence illégale. Il me semble impossible que personne à Versailles ait pu avoir la pensée d'exposer les détenus à un aléa si terrible. Veuillez, je vous prie, mon cher Procureur général, donner connaissance à qui de droit, notamment à MM. Dufaure, Picard et Leblond, de cette note écrite à la hâte après avoir toutefois entendu les observations que vous soumettra le porteur qui connaît beaucoup mieux que moi tout ce qui intéresse le service des prisons.

Votre ami et collègue,
BONJEAN.

Le porteur était M. Kahn, commis-greffier au Dépôt qui prit cette note sans enveloppe, la dissimula dans la coiffe de son chapeau et partit pour Versailles où il arriva la veille du jour où l'on devait faire les obsèques de M. Fabre.

M. Kahn s'adressa alors à son chef hiérarchique, M. Lecour, chef de la première division de la préfecture de police qui fit immédiatement expédier aux employés de toutes les prisons de la Seine l'ordre de tenir bon à leur poste et de veiller à la sécurité des personnes incarcérées sur mandats illégaux. Ce fut cette mesure sollicitée par M. Bonjean, adoptée par M. Lecour, qui assura plus tard le salut d'un grand nombre d'otages, parmi lesquels malheureusement ne se trouvait plus l'homme éminent qui l'avait provoquée.

Deux fois il essaya de sauver M. Bonjean. Deux fédérés avaient été arrêtés ; ils adressèrent à Raoul Rigault une lettre pour obtenir leur mise en liberté. Le recto et le verso de la première page seuls étaient occupés par la supplique ;

sur le recto de la page blanche, Rigault écrivit : « Ordre de mettre en liberté les deux citoyens désignés ci-contre, » et envoya ce levé d'écrou au Dépôt par un planton. L'on vit immédiatement le parti qu'on pouvait tirer de ce mandat mal libellé, où les noms n'étaient pas indiqués, et qui, du fait, constituait un blanc-seing ; il suffisait de faire disparaître le corps même de la lettre et d'écrire deux noms au-dessus de la phrase de Rigault pour justifier une levée d'écrou. On alla trouver M. Bonjean et on lui expliqua qu'il était facile de le faire mettre en liberté. Le prisonnier répondit : « Je ne veux compromettre personne, mon évasion serait le signal du renvoi de tous les employés du Dépôt et de leur remplacement par des gens dangereux. . . . . »

La Commune appliquait la loi des suspects. Qui jamais pourra savoir pourquoi M. Glais Bijoin, M. Schoelcher ont traversé les cellules du Dépôt? Les ordres d'arrestation tombent au hasard comme la foudre du ciel.

Le 7 avril, M. Kahn, greffier, est de service ; de sa longue écriture renversée il vient d'écrouer, sous le N° 1801, un certain Victor arrêté sans motif par ordre du citoyen Chapitel chef de bureau à la permanence. Subitement l'écriture change et le N° 1802 est l'écrou de M. Kahn lui-même que l'on enferme dans la cellule N° 11, sur mandat de Th. Ferré. « Menaces contre les membres de la Commune et intelligences avec Versailles. » Il reste détenu jusqu'au 16 mai.

Deux mois de prison sous la Commune, par l'abbé Paul Perny, Lainé éditeur, 19, rue des Saints-Pères (1871), 2me édition; — (page 15).

.....On nous entraîna à un autre bureau. Nouvelle inscription de nos noms, on nous fouilla. Aucun instrument tranchant ne peut être conservé, même un canif. Si vous êtes muni d'une canne, on vous la fait déposer au bureau. Après cette visite, on nous fit passer encore dans un nouveau bureau.

Le chef de ce bureau, M. Kahn, échangea avec nous quelques paroles bien-veillantes. Ses sentiments nous parurent très convenables et plus élevés que tous ceux de ses collègues dans la bureaucratie.

La police secrète de la Commune de Paris ne tarda sans doute pas à être informée des sentiments de cet employé. Peu de jours après, ce bon jeune homme était, lui aussi, écroué dans ce même palais à dix pas de nous.

Je serais heureux que ces lignes pussent tomber un jour sous ces yeux, et, en lui portant l'expression de notre affectueuse reconnaissance pour l'intérêt qu'il nous a témoigné, le consoler un peu des avanies qu'il a dû souffrir!

En quittant la préfecture de police, après dix jours de détention, je l'aperçus à ma grande surprise dans une cellule. Il me fit un signe, je m'approchai aussitôt et je pus, à travers le guichet de la porte, échanger à la hâte quelques paroles avec lui. La vue de ce jeune homme sous les verrous fut un nouveau trait de lumière sur la situation. Depuis six jours, nous n'avions aucune nouvelle de la ville. L'horizon politique nous parut de plus en plus sombre et probable-ment l'espionnage à l'ordre du jour. La Commune actuelle n'a pas l'esprit inventif, elle s'efforce d'imiter en petit l'ancienne Commune de Paris.

Le Délire des Persécutions (page 507) du docteur Legrand du Saulle, Plon éditeur.

« Le 31, l'état du malade ne s'étant point amélioré, j'envoyai le certificat qu'on va lire :

« Le président Bonjean ne va pas bien. Il a de la bronchite, de l'oppression,

« de l'inappétence et un grand malaise général. Son pouls est à 96. Ce vieillard
« a le moral excellent mais, physiquement, il résiste mal à un séjour aussi
« prolongé dans une cellule sans feu. Dans ma conscience de médecin, j'affirme
« que je ne suis pas sans quelque inquiétude, et j'atteste qu'il y a lieu de trans-
« férer d'urgence le malade à la maison municipale de santé (hospice Dubois). »

« M. Kahn, commis-greffier au Dépôt, reçut quelques heures après, du cabinet
du préfet, le certificat annoté ainsi qu'il suit à l'encre rouge : « BON POUR
« FAIRE CONDUIRE IMMÉDIATEMENT A DUBOIS. Signé : DUBOIS ». C'était
écrit de la main du général Duval, et le sceau du préfet avait été apposé sur
la pièce. Mais en vertu de quelle variété de distraction cérébrale le général Duval
avait-il signé DUBOIS? Cette distraction étrange devait coûter la vie au président. Le martyre était dans sa destinée!

« Le 1er avril, M. Kahn, le certificat à la main, se présente chez le Préfet,
afin d'obtenir la rectification de la signature. Le général Duval venait de partir
pour les avant-postes. M. Raoul Rigault reçoit M. Kahn, prend la pièce, l'examine
attentivement et dit : « Bonjean sortira quand Blanqui aura signé sur cette
« table l'ordre de sa mise en liberté. » Le commis-greffier, jeune homme très
brave, insiste et s'appuie sur les termes du certificat, mais d'un geste impératif
il est éconduit. Quelques jours après, M. Kahn était arrêté et jeté en prison. »

Histoire de la Commune, par l'abbé Vidieu, librairie Dentu;
— (page 202). Arrestation de Monseigneur Darboy, archevêque de Paris.

.....Et vous, qui êtes-vous? demanda ensuite le farouche Procureur à l'abbé Lagarde?

— J'ai l'honneur d'être le vicaire général de Monseigneur et j'ai aussi l'honneur de l'accompagner.

— Allons, ne prenez pas vos airs, vous aussi!

Monseigneur pressentant les intentions de Raoul Rigault intervint en ce moment :

— Je vous prie en grâce de lui rendre la liberté, il n'a pas été arrêté.

— Il est pris et il reste pris.

Et se tournant vers M. Lagarde :

— Votre nom?

Après quoi il donna l'ordre de les emmener tous les deux au Dépôt, et séparés. Mais le capitaine auquel il s'adressait portant la main à sa moustache blanche lui dit courageusement :

— Citoyen, je suis militaire et je ne me charge pas de pareilles missions.

— Lieutenant, debout! s'écria Raoul Rigault qui ne put dissimuler son mé-contentement.

Et l'on vit un homme plongé dans l'ivresse se lever avec peine et dire encore plus difficilement : « A...a... avec plaisir, mon commandant ».

Son état était tel, qu'il ne pouvait diriger les prisonniers.

Le greffier Kahn survint heureusement presque aussitôt et congédia bien vite le lieutenant aviné et permit aux deux captifs de rester ensemble jusqu'à 6 heures 1/2. Les marques d'humanité que M. Kahn se plut à donner aux premiers et aux plus éminents otages de la Commune, l'archevêque de Paris, M. l'abbé Lagarde, le curé de la Madeleine, M. le Président Bonjean, ame-nèrent bientôt son arrestation. Ce fut uniquement pour ce motif qu'il passa de son bureau dans une cellule, où il resta quarante jours.

L'abbé Crozes, aumônier de la Roquette, son arrestation, sa captivité, sa délivrance. D. Soye, éditeur, 5, place du Panthéon (1877); — (page 26).

.....Mais ceci se passait le 24 mai à la Roquette et nous ne sommes encore qu'au 4 avril et à peine entrés au Dépôt. Mgr Darboy est déjà écroué; je le suis à mon tour. Il est conduit dans sa cellule et moi dans la mienne. Les employés — je tiens à le dire — étaient pour nous pleins d'égards et de modération.

S'ils servaient sous la Commune, il était facile de voir qu'ils ne servaient pas la Commune, et ces hommes pleins de tact et de convenance comprenaient très bien qu'ils ne devaient pas agir avec les otages comme avec les pensionnaires habituels de cette maison, et que leur meilleur règlement de prison à à notre égard, c'était de n'avoir pas de règlement. Aussi ces bons gardiens, je n'ai passé que deux jours avec eux, mais bien des jours se passeront avant que je ne les oublie. L'un d'eux, M. Kahn, greffier, pour avoir été trop compatissant envers nous alla passer quarante jours en cellule.

PRÉFECTURE DE POLICE

—

1re Division
3e Bureau

—

MAISON DE DÉPOT DE LA PRÉFECTURE (1)

CERTIFICAT DU MÉDECIN

Paris, le 15 février 1880.

Je soussigné, médecin du Dépôt près la Préfecture, certifie que M. Kahn (Arthur), greffier au Dépôt de la Préfecture, s'est admirablement bien conduit, en 1871, pendant la Commune. Il m'a spontanément aidé dans les soins à donner aux otages et à tous les détenus jusqu'à ce qu'il ait été lui-même emprisonné : il a été très courageux, à l'occasion de M. le président Bonjean, dont j'avais demandé, pour cause de santé, le transférement à la maison municipale de santé ; il a sauvé des valeurs importantes très considérables, appartenant à des personnes arrêtées, et il a fait preuve de bravoure, de probité et de dévouement à une époque où la peur mettait tout le monde en fuite et neutralisait toutes les initiatives généreuses.

Signé : **LEGRAND DU SAULLE.**

Vu pour certification matérielle de la signature de M. le docteur Legrand du Saulle.

Paris, le 17 mars 1880.

Le Commissaire de police
Signé : Dambreville.

Ici le timbre du commissaire.

(1) Fac simile pages 16 et 17.

MAISON *du Dépôt de la Préfecture*

Mod. n° 112. F°   G.

Certificat de Médecin.

Paris, le 19 février 80.

Le soussigné, Médecin du Dépôt de la Préfecture
certifie que Monsieur Kahn (Arthur) Greffier
au Dépôt de la Préfecture, s'est admirablement
bien conduit, en 1871, pendant la Commune. Il
m'a spontanément aidé à donner les soins à donner
aux otages et à tous les détenus, jusqu'à ce
qu'il ait été lui-même emprisonné; il a été
très courageux, à l'occasion de ce le président
Bonjean, dont j'avais demandé, pour cause de
santé, le transfèrement à la maison municipale
de Santé; il a sauvé des valeurs importantes,
très considérables, appartenant à des personnes
arrêtées, et il a fait preuve de bravoure, de
probité et de dévouement, à une époque où
la peur mettait tout le monde en fuite et rendait
toutes les initiatives dangereuses.

Legrand du Saulle

Vu au 3e

LA LIBRE PAROLE

La France aux Français !

Directeur : EDOUARD DRUMONT

Nous avions reproduit ici, photographiquement, l'article de tête de la " Libre Parole " du 16 janvier 1895, signé Edouard Drumont. Notre but était de montrer l'insolence de l'ancien rédacteur de " l'Inflexible " à l'égard de ses amis les plus intimes. Mais, il y a quelques jours, M. Odelin, l'honorable ancien conseiller municipal de Paris, est venu nous prier de faire disparaître une partie de cette reproduction. A une démarche aussi courtoisement faite nous voulons répondre avec la même courtoisie; c'est pourquoi nous recouvrons le passage en question. Si quelques exemplaires de cette brochure circulent encore sans cette modification, il n'y a pas de notre faute.

« L'Inflexible »
(Voir l'apologie de cette feuille dans *La France Juive*.)

Nous copions du *Larousse* :

« Pendant que Henri Rochefort attaquait les hommes et les choses de l'Empire, il se voyait lui-même l'objet des imputations les plus odieuses et les plus diffamatoires. Un nommé Stamirowski, se faisant appeler de Stamir, l'accusait avec la dernière impudence dans *L'Inflexible* d'avoir subi deux condamnations pour escroquerie, et le sieur Charles Marchal, dit de Bussy, dans une brochure publiée sous le titre *Le Cas de M. Rochefort*, lui prodiguait, sous la forme la plus violente, l'injure, l'outrage et la menace. Odieusement atteint dans ses sentiments les plus profonds, dans son affection de père, etc., etc.

Pour paraître prochainement :

L'Esclavage en France. — Tout Plaideur devient la propriété de son Avoué. — Affaire Sutro à la troisième chambre du Tribunal de la Seine. La manière d'agir de certains princes du barreau français, d'un roi de la finance et d'un avoué : Weill, Waldeck, Pelletier, Crémieux, Milhaud, etc., etc.

M⁰ WALDECK-ROUSSEAU
Ancien Ministre, Sénateur

Extraits de la plaidoirie du 20 mars 1895, de M⁰ Waldeck-Rousseau devant la troisième chambre du Tribunal Civil, sténographié par M. Georges Buisson, officier d'académie, sténographe de la Chambre des députés, etc., etc.

... « Mon rôle m'impose, le Tribunal le comprend, une très grande discrétion puisque je n'ai pas de contradicteur à la barre... Je n'ai point à tracer un portrait trop achevé de M. Aron. Il n'aurait tenu qu'à lui de demeurer associé à la fortune de la maison Lazard frères... Personne n'a plus que lui fait gémir les presses, répandu des brochures, encombré davantage le courrier des Parisiens et leur panier ensuite... [Homologation, Panama, les Mines d'Or]... M. Aron s'adresse aux personnages les plus considérables y compris M. le Président de la République... L'arrêt du Tribunal américain contient plus de 110 pages imprimées... Je puis dire au Tribunal que je l'ai lu très attentivement... Au dossier se trouve une copie et une traduction certifiée... L'avocat de M. Sutro s'exprime ainsi dans son mémoire.
» Le motif du procès Aron contre le syndicat Seligman-Sutro est d'être d'un caractère malicieux. Le rusé chien Aron..... »

... « Il y a là, Messieurs, un langage d'une forme brutale qu'un avocat français n'emploierait certainement pas. Mais le Tribunal voudra bien considérer qu'aux Etats-Unis le langage et les mœurs ne sont pas absolument identiques aux nôtres.

... « Mais M. Aron, le Tribunal le sait, n'avait pas seulement 31,000 titres, il en avait 70,000. Il lui en restait par conséquent 40,000 environ. Pour souscrire de nouvelles obligations il lui avait fallu faire un premier sacrifice, et ce sacrifice déjà considérable ayant épuisé ses ressources, il se voyait exposé à perdre le bénéfice résultant pour lui de la possession des 40,000 actions de la Société originaire. C'est à ce moment, que les beaux-frères de M. Aron lui vinrent en aide.......... M. Aron s....t que la transformation de l'ancienne société Sutro Tunnel en société nouvelle a été frauduleuse, faite au mépris des droits des anciens intéressés, et il met en cause d'abord la Société Comstock Tunnel ensuite le Syndicat [Seligman] et Sutro ».

Mon Pauvre Drumont !

PAR

JOSEPH ARON

L'INFLEXIBLE

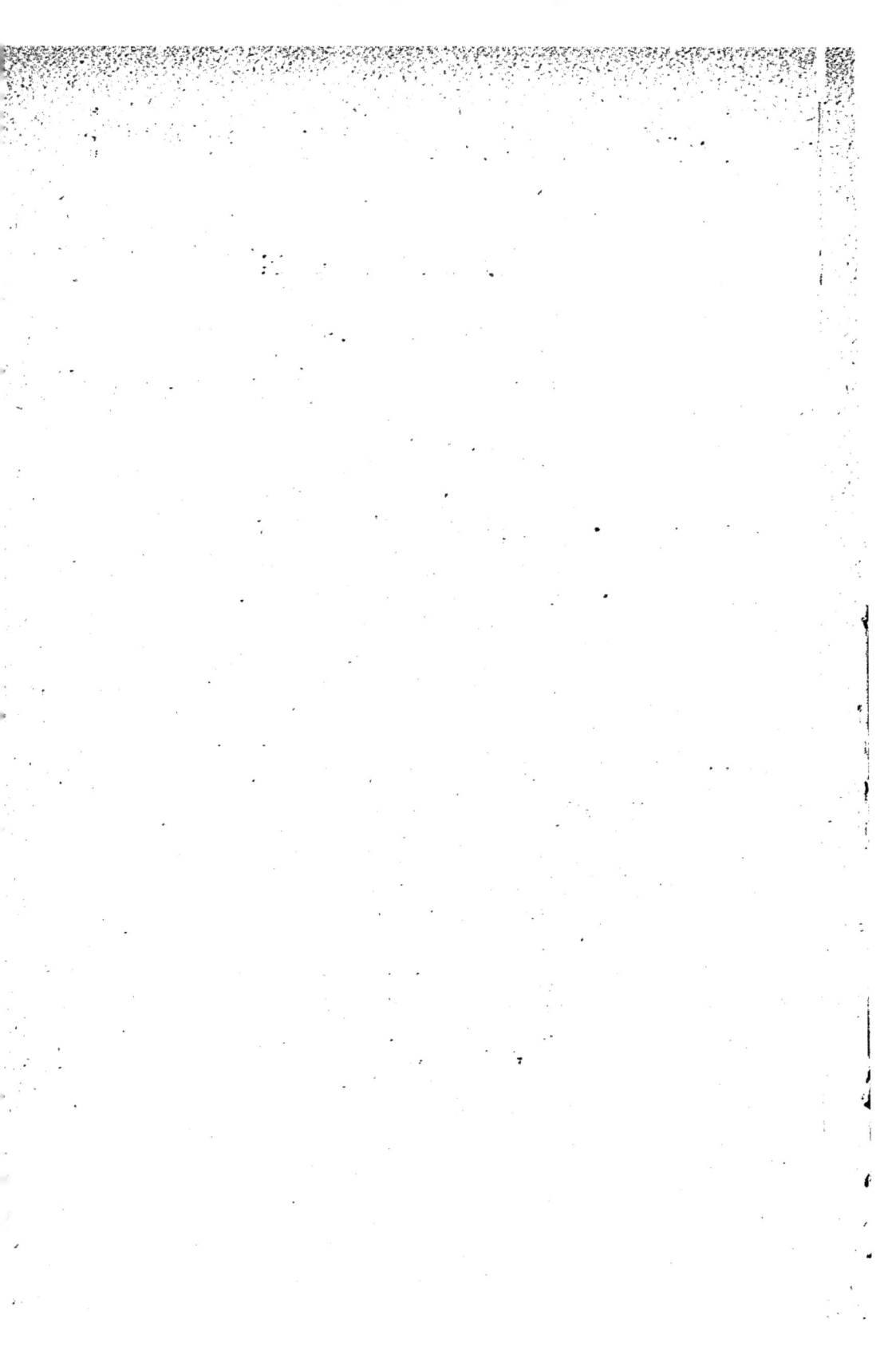

Libre Parole du 30 avril 1896 :

« Je me dis: *Mon pauvre Drumont*, quand on pense que tu pourrais être à la campagne à écrire de beaux livres... et que te voilà dans le tas, trottant dans le peloton!... Malgré tout tu accomplis une besogne qui ne doit pas t'amuser tous les jours. »

Signé : EDOUARD DRUMONT.

Mon pauvre Drumont!...

PLÉBISCITE SUR UN PORTRAIT

En même temps que nous publiions une petite brochure intitulée les *Mensonges de Drumont*, il nous vint à l'idée d'exposer à la devanture de notre bureau, 1, rue Condorcet, le portrait de l'auteur de la *France Juive* et de demander aux passants si son type en général et ses traits en particulier ne dénonçaient pas à l'œil le moins exercé une origine sémitique. Déjà, avant nous, plusieurs personnes avaient émis cette pensée : M. Abraham Dreyfus, le spirituel auteur dramatique, notamment. Le portrait de M. Drumont que nous exposions n'était pas une caricature, mais bel et bien la grande photographie que la *Libre Parole* elle-même donne en prime moyennant la somme de 3 fr. 50, et que nous avions acquise à ce prix. Au-dessous du portrait nous avions placé une boîte aux lettres destinée à recueillir les votes.

Notre brochure : *les Mensonges de Drumont* a obtenu un très grand succès; elle avait été motivée par les calomnies du cynique pamphlétaire contre l'honnête Michel Goudchaux, deux fois ministre des finances en 1848, l'ami intime du général et de toute la famille Cavaignac. Personne, parmi les héritiers de Goudchaux ni parmi ses parents (bien que l'un d'entre eux se fût recommandé de cette parenté pour se faire porter en Seine-et-Oise candidat au Sénat) n'avait réfuté les infamies du faux aryen au sujet de ce grand honnête homme de la noble pléiade de 1848; nous prîmes sur nous de relever le gant, et le succès a dépassé notre attente.

Quant à notre plébiscite, nous avouons que nous ne l'avions ouvert que pour notre satisfaction personnelle; il pouvait n'être que plaisant, mais il n'aurait, en tous cas, jamais pu être aussi grotesque que celui qu'ouvrit naguère la *Libre Parole* en faveur du prince Victor..... Par une vraie disgrâce pour M. Drumont, il a tourné au sérieux, au grave, au terrible.

Les premiers jours, les *non, il n'est pas de race juive*, l'ont emporté sur les *Oui*. Au bout de trois semaines, les *Oui* et les *Non* se balançaient : — 7237 *Non* contre 6973 *Oui*.

Mais les votes motivés (200 environ) ont presque tous été pour l'affirmative. Nous les avons tous affichés à notre devanture, sauf, bien entendu, ceux qui étaient contraires à la décence ou qui mettaient des femmes en jeu. Nous les conservons à la disposition des curieux; nous voulions même les publier, — quand une lettre trouvée dans l'urne est venue considérablement modifier nos idées... (Le lendemain, du reste, le vingtième jour du vote, notre boîte aux lettres était éventrée dans la nuit. Nous ne l'avons pas remplacée).

Voici, textuellement, la lettre en question; nous n'en supprimerons que les noms propres :

Monsieur,

Permettez-moi de vous mettre sous les yeux quelques renseignements qui vous prouveront que Drumont est un simple drôle.

Et d'abord, pour être édifié sur son ancien rôle de *mouchard*, tâchez de vous procurer le premier numéro du *Diable à quatre*. C'est une petite publication, du format de la *Lanterne* de Rochefort, qui a succédé à celle-ci après sa suppression et qui était rédigée par Villemessant, Alphonse Duchesne, ÉDOUARD LOCKROY et Méphistophélès. Ce premier numéro est du 17 octobre 1868. J'en ai un exemplaire sous les yeux. Si vous êtes trop jeune pour vous le rappeler, les contemporains de cette époque vous apprendront qu'il paraissait à cette époque une feuille ignoble l'*Inflexible*, publiée sous les auspices de la police et destinée à diffamer, flétrir, salir tout ce qui était de l'opposition, notamment ROCHEFORT...

Il était rédigé par des mouchards de bas étage, Stamir, Marchal dit de Bussy, etc., qui étaient l'objet du dégoût général.

Drumont soupçonné d'être affilié à cette bande de diffamateurs s'en défendit. Alors, de Villemessant lui mit le nez dans ses ordures. Il s'était procuré les épreuves d'un numéro de l'*Inflexible*. Elles étaient corrigées de la main de Drumont, et le bon à tirer était signé de lui. De Villemessant fit autographier dans ce numéro du *Diable à quatre* le bon à tirer signé Drumont. Vous devez en tous cas retrouver à la Bibliothèque nationale le *Diable à quatre* du 17 octobre 1868. Vous pouvez donc mettre hardiment en tête de votre nouvelle brochure DRUMONT MOUCHARD.

Autre infamie de Drumont. Lors des affaires du Panama, A..... mena grand tapage du nommé X. qui figurait sur la liste des chéquards : la *Libre Parole* s'étendit avec complaisance sur la personnalité probable masquée sous ce X ..... Pendant des semaines, on insista pour dire aux lecteurs :

« Supposez une haute personnalité, la plus haute que vous puissiez ima-giner. » Bref, il était évident pour tout le monde que l'insinuation disait Carnot.

Or, y eût-il jamais plus abominable et plus lâche attaque? Désigner ouverte-ment Carnot sans le nommer, de façon à persuader à tous qu'il s'agissait de lui, mais de façon aussi à pouvoir se dérober lorsqu'on serait mis au pied du mur.

C'est cette action basse que Drumont conduisit dans son journal de complicité avec l'ignoble A..... Ce jeu dura des semaines; puis, lorsqu'on somma A..... de dire si décidément c'était Carnot qu'il avait en vue, il fut obligé de déclarer que non. Mais le lâche coup était porté! Combien de lecteurs avaient lu l'accu-sation par insinuation et ne lurent pas la déclaration finale?

Peut-on imaginer quelque chose de plus infâme?

Il a été prouvé que le mouchard Drumont avait des accointances avec la police impériale. Il lui en reste une certaine tendresse pour ce régime cher à sa jeunesse.

Je vais vous révéler un complot impérialiste dont il a été un des conspira-teurs et des inspirateurs.

C'était quelque temps avant la mort de Carnot. Un syndicat d'hommes poli-tiques et de financiers se forma pour faire la restauration impériale en faveur du prince Victor. L'un des membres influents était le vicomte d'.....,, député. On avait réuni 50 millions. On devait faire, pendant les derniers mois de la Présidence de Carnot, une propagande à outrance, mener grand tapage de camelots, de brochures, etc..., fonder des journaux, en un mot allumer le suffrage universel. On avait encore six mois devant soi pour cette campagne. On commença par faire le fameux plébiscite de la *Libre Parole* que vous vous rappelez; farce burlesque à laquelle personne ne se laissa prendre du reste. Le prince Victor était, bien entendu, sorti vainqueur de cette urne biseautée. On allait continuer de ce pas lorsque la mort inopinée de Carnot dérouta tous les plans et amena la dissolution du syndicat. Si on avait réussi, il est bien entendu que les financiers qui avaient fait l'avance de fonds s'étaient réservé toutes les affaires, tous les monopoles, toutes les grandes entreprises de l'Empire. C'étaient de simples spéculateurs à qui on avait livré toutes les richesses de la France.

Mais que dites-vous de ce grand tombeur de la ploutocratie qui s'était affilié à une bande de ploutocrates pour livrer la France à Victor et la caisse à ces aigrefins? Et lui, quelle part s'était-il réservée là-dedans? Soyez certain qu'on verra réapparaître un de ces jours la réclame en faveur de Victor.

Du reste, la fuite en Belgique n'avait pas d'autre objet que de rapprocher le conspirateur et le prétendant pour s'entendre..... etc., etc.

Un ancien fonctionnaire du Ministère de l'intérieur.

A la lecture de cette lettre, il ne pouvait plus y avoir de question juive en jeu. Bien avant Drumont, nous avons dénoncé les mal-versations du Panama et combattu les tripoteurs — juifs ou non — des mines d'or; et nous l'avons fait, nous, en dépensant notre argent personnel, sans autre intérêt que celui que nous inspirait l'épargne française, saccagée et filoutée par des cosmopolites de toutes religions.

Mais qu'importe tout cela, aujourd'hui? La question est désor-mais posée autrement haut.

Comment! l'homme qui se réclame si bruyamment du nom de

Français, et qui s'attribue le monopole de l'amour de la vieille patrie et du sol national, ne serait qu'un misérable, qu'un gredin au-dessous de tout ce qu'il y a de plus bas?

Nous ne voulions pas y croire. Eh quoi! M. Édouard Drumont, l'insulteur de tout le monde sans exception : des juifs, des évêques et du pape lui-même; le calomniateur de Carnot, l'insulteur (du reste prudent) de Casimir-Périer, le diffamateur de Félix Faure, qui aboie après tous les ministères, radicaux ou modérés, uniquement parce que, quels qu'ils soient, ils conservent la République; cette hyène féroce, cet emprunteur d'argent chez Cornélius Herz, etc., etc., etc., oserait tant d'infamies sans être lui-même à peu près pur, à peu près décent dans son passé?...

Cela nous paraissait impossible!

S'il avait été rédacteur de l'*Inflexible*, est-ce que les hommes que cette feuille ignoble couvrait de boue, en 1868, auraient pu l'oublier et ne l'auraient pas arrêté net?...

Est-ce que M. Édouard Lockroy, journaliste distingué et ministre de la marine, n'aurait pas relevé les abominables articles de Drumont contre lui, l'hiver dernier notamment?

Est-ce que Mme Séverine se serait, pendant de longs mois, liée d'amitié avec le rédacteur d'un journal où Jules Vallès était traîné dans la fange?

Est-ce que Henri Rochefort, l'homme qui avec Jules Vallès fut le plus diffamé par l'*Inflexible*, aurait toujours conservé vis-à-vis du seul survivant de cette ordure une attitude plutôt courtoise.

Il parle cependant des rédacteurs de l'*Inflexible*, dans le premier volume de ses *Aventures de ma vie*, avec une véritable indignation et il rappelle comment il alla souffleter leur imprimeur.

Est-ce que le *Figaro*, enfin, puissant et justement lu par tout le monde et dans tout l'univers, aurait pardonné et, parfois même, fait de la réclame à son ancien calomniateur?...

Non, mille fois non, nous disions-nous. Cela n'est pas possible, et notre correspondant doit se tromper.

.˙.

Notre correspondant ne se trompait pas.

Nous nous mîmes en quête du *Diable à quatre*, et quelques jours après nous étions en possession de sa collection complète. Voici l'article du 1er numéro du *Diable à quatre*, signé Hippolyte de Villemessant, le célèbre fondateur du *Figaro*.

— — — — — — —

Le Diable à quatre (N° 1, 17 octobre 1868.)

Pages 53 et suivantes.

M. Veuillot, à force de répéter qu'il est pieux, a fini certainement par le croire. Mais n'est-il pas vrai qu'un journal assez heureux pour être dirigé par un homme véritablement chrétien, serait le plus indulgent, le plus charitable, le plus paternel en ses remontrances, le plus ennemi de l'invective, le plus modeste de tous les journaux et n'oublierait jamais ni les lois de la saine morale ni les règles de la bonne compagnie?

Oui, mais dans ce cas, que deviendrait le violent polémiste Louis Veuillot, ce Fréron de la presse dévote?

Qu'on n'aille pas croire que je garde contre le rédacteur en chef de l'*Univers* la moindre rancune. J'en aurais le droit cependant, mais j'aime trop l'esprit pour tenir longtemps rigueur à ceux qui en ont une si belle provision.

Que M. Veuillot ne se lasse donc pas d'écrire dans ses mandements que je suis un idiot, que je ne sais pas diriger un journal, que mes rédacteurs me mènent par le bout du nez, et autres gentillesses. Rien au monde ne me touche moins.

Les seules représailles que je veuille exercer contre mon insulteur ordinaire, c'est de lui rappeler certaine lettre écrite d'un tout autre style. Je l'ai retrouvée dans mes paperasses et j'en ai fait exécuter une autographie que mes lecteurs trouveront à la fin de la présente livraison. Je suis heureux de leur offrir cet autographe de l'homme qui, sans s'en douter, a le plus écrit, *ad majorem diaboli gloriam.*

Cependant, comme j'ai quelques réflexions à y joindre, je donne ici ce document en caractères romains, les seuls sans doute qui plaisent à l'auteur.

28 mars 1867.

Est-ce vrai, Monsieur, que vous méditez de prendre des actions de l'*Univers?* Je vous assure que plusieurs choses m'étonneraient davantage. Vous êtes de ces incendiaires, très nombreux dans ces civilisations décousues, qui ne veulent pas opérer trop loin des pom-

Louis Veuillot

24 mars
1867

piers. Ils accordent cette satisfaction à leur conscience et ils mettent le feu, et ça brûle. Devenez donc mon actionnaire, je pomperai sur vous et vous serez mouillé; mais vous aurez toujours le plaisir de voir flamber vos actions.

Ceci entendu, hâtez-vous, s'il vous plaît. Le moment approche de constituer la société qui deviendra propriétaire du journal. Vous vous trouverez là « en bonne compagnie ». Ce n'est pas une manière de parler.

Cette sorte exquise de bonne compagnie ayant peu l'usage de nos mécanismes, il me plairait fort de vous y introduire, comme le contrôleur le plus expert de toutes les dépenses auxquelles la mise en train et l'exploitation d'un journal peuvent donner lieu. Je ne serais pas fâché de vous montrer comment nous faisons les choses, et votre présence me soulagera un peu du déplaisir que j'ai d'avoir à conduire une affaire en même temps qu'à présider une rédaction.

M. Jouvin vous a-t-il parlé d'un jeune garçon qui me prie de le recommander à vous? Il se sent, hélas! après en avoir essayé, plus fait pour votre bâtiment que pour le mien. Il a quelque lecture, de la vivacité dans l'esprit, de l'élégance dans la main; il a aussi fort grand appétit, par des raisons trop légitimes. Mais je pourrais satisfaire son appétit qu'il ne me resterait pas. Pour me rester, il faut une âme de héros; ce n'est pas encore son fait. Il est oiseau, et c'est chez vous que l'on gazouille.

Puisqu'il me quitte, prenez-le. Il en vaut d'autres, et je l'aime mieux chez vous qu'ailleurs. Les écarts ne manquent pas, mais pourtant on y va moins de travers. Pauvre petit!

Vous devriez ne le faire servir que sous le masque jusqu'à l'âge de raison du *gendelettre*, vers quarante ans.

Je suis, Monsieur l'actionnaire, votre très humble et très obligé serviteur.

LOUIS VEUILLOT.

Cette lettre spirituelle, élégamment écrite et dont chaque mot porte, M. Veuillot me l'adressait au moment où se constituait la nouvelle société de l'*Univers*. On voit qu'à cette époque il pensait quelque bien de moi, dont il dit tant de mal aujourd'hui. Aussi, quoique je ne me sois jamais intéressé dans aucune entreprise, et que je n'aie pas même pris d'emprunt mexicain, je souscrivis sans enthousiasme, mais par déférence, une action de l'*Univers*. Je dois déclarer toutefois que M. Louis Veuillot n'a jamais fait toucher à ma caisse la somme que j'avais souscrite. Il m'écrivit même quelques mois après pour me dégager courtoisement de ma promesse, alléguant qu'il craignait que, son journal pouvant avoir à soutenir d'un jour à l'autre une polémique contre le mien, il valait mieux que nous ne confondissions pas nos intérêts.

Quant au « jeune garçon de grand appétit » que me recommandait si chaleureusement M. Veuillot, voici son histoire : elle est édifiante.

Quoique ce débutant, élevé à l'école de l'*Univers*, n'eût ni le talent, ni même la connaissance du métier qu'on a le droit d'exiger d'une recrue, je l'engageai dans mes troupes légères pour être agréable à son ancien patron.

Il signa chez moi quelques chroniques sans saveur quoique prétentieuses, que je lui payai aussi cher qu'au meilleur de mes rédacteurs; après quoi, je le laissai volontiers voler à d'autres conquêtes.

Je ne savais ce qu'il était devenu, quand on me dit qu'il était attaché comme secrétaire de la rédaction au journal des sieurs Bussy et Stamir. Mon collaborateur Albert Wolff fit, dans une de ses chroniques, d'ironiques compliments à M. Veuillot du progrès rapide de son élève dans la carrière de l'éreintement. Aussitôt M. Drumont — tel est le nom du protégé de l'*Univers* — nous écrivit pour protester avec une indignation bien sentie contre une accusation aussi déshonorante. Nous lui donnâmes acte de sa lettre, sans l'insérer. Il l'envoya au *Gaulois*, qui fut heureux de la publier.

M. Drumont opposait à notre insinuation « le plus formel démenti. Il n'avait jamais été mêlé en quoi que ce soit à la rédaction de ce papier. »

Comme pièce justificative, il produisait en même temps une déclaration signée du sieur Charles Marchal, lequel attestait que le jeune Drumont n'avait jamais « apporté un concours quelconque à l'*Inflexible* et qu'il était resté absolument étranger, directement ou indirectement, à cette publication. »

Le sieur Stamir, de son côté, délivrait à M. Drumont un certificat identique. Ah! les bons billets qu'avait La Châtre!

Eh bien! la vérité de tout cela, c'est que M. Drumont était bel et bien affilié à la bande des diffamateurs, qu'il se vautrait dans cette boue infecte et exerçait dans le journal que vous savez des fonctions régulières.

En veut-on une preuve, une preuve incontestable?

Mon confrère Albert Wolff ayant fait remise pleine et entière à l'imprimeur Fischlin de l'amende de 10,000 francs à laquelle il avait été condamné pour avoir prêté ses presses aux sieurs Stamir et Marchal, ce père de famille, dans l'effusion de sa reconnaissance, a livré à Wolff les épreuves d'un numéro de l'*Inflexible* entièrement corrigées de la main de M. Édouard Drumont. Et pour que celui-ci, à qui les dénégations coûtent peu, ne soit pas tenté de crier encore à la calomnie, je lui mets sous les yeux l'autographe très fidèle du *bon à tirer* donné par lui et orné de ses initiales.

Et qu'il ne vienne pas dire que cet E et ce D ne lui appartiennent pas : nous avons en mains une lettre de l'imprimeur belge, qui dévoile son incognito.

Quelle est là-dessus l'opinion de M. Veuillot?

En me recommandant M. Drumont : « Il est oiseau, m'écrivait-il, et c'est chez vous que l'on gazouille! » Oiseau! oui, car c'est un joli merle qui, au lieu de siffler, croasse comme une grenouille dans les plus fétides marais.

Du reste, la conduite de son protégé ne doit pas révolter M. Veuillot; car, après tout, le jeune homme a conservé au moins une qualité, la reconnaissance: il a fait à son protecteur la politesse de reproduire les articles de l'*Univers* où était injuriée la rédaction du *Figaro*. Dans presque tous les numéros se trouvait quelque diatribe signée de M. Veuillot.

De manière que ces messieurs, au lieu d'être trois, comme on le croyait, étaient quatre.

L'*Inflexible*, devenu la succursale de l'*Univers*, n'est-ce pas là une étonnante odeur de Paris?

H. DE VILLEMESSANT.

∴

A la lecture d'une aussi écrasante exécution, nous nous sommes demandé si nous ne rêvions pas. Pour bien se rendre compte, en effet, de l'énormité de la marque au fer rouge imprimée au front de celui que flétrissait ainsi M. de Villemessant, il ne suffit pas de voir les journaux de l'époque jugeant l'*Inflexible* et ses rédacteurs; il faut avoir lu soi-même cette abominable publication pour comprendre combien le seul fait d'y avoir participé est une tare éternelle et que rien ne saurait effacer.

Nous avons pu nous procurer cette collection, à peu près introuvable aujourd'hui, et le plus profond dégoût nous a soulevé le cœur. Vraiment, pour si déloyal et menteur que l'on connaisse M. Drumont, nous avons d'abord conçu quelques doutes, quelque espérance même de voir dans les numéros suivants du *Diable à quatre* soit un démenti de lui, soit une justification quelconque. Nous n'avons rien trouvé. Partout et toujours le silence autour de cette exécution.

Il y a quelquefois des trouvailles inespérées, peut-être providentielles, pour les *hommes de bonne volonté*..... En même temps que les numéros de l'*Inflexible*, nous avons trouvé l'*épreuve* d'une sorte de préface, d'entrée en matière de cette publication repoussante. Cela est intitulé :

AVANT-GARDE

DE

L'INFLEXIBLE

La vérité sur mon duel. — JULES VALLÈS-VICTOR NOIR

par Alexandre de Stamir.

Nous nous garderons bien de résumer ces quatre pages et même d'en donner un seul extrait; il nous suffira de dire que l'*Inflexible*, qui fut, en définitive, mis en vente à 25 centimes, y était annoncé à DIX FRANCS l'exemplaire. On ne devait en tirer que cent.

Ce n'est pas seulement un exemplaire de l'*Avant-Garde de l'Inflexible* que nous avons entre les mains; c'est bel et bien son épreuve authentique, avec les corrections manuscrites, les noms des diffamés *écrits*, ajoutés *à la main*. Si le *Figaro* et M. Henri Rochefort y tiennent, nous mettrons volontiers cette épreuve sous leurs yeux; peut-être reconnaîtront-ils, eux, la main du correcteur de cette épreuve, unique au monde.

Cette épreuve, paraît-il, provient de la succession d'un agent de police de l'Empire, tué sous la Commune.

Certaines personnes ne doivent pourtant pas ignorer ce que nous ne savons, nous, que d'hier. Comment ont-elles pu attendre, pour que le passé du *Bottin de la Diffamation* fût enfin ressuscité, l'intervention et la rentrée dans son pays natal d'un citoyen obscur comme nous?

Est-ce que cette ignoble affaire ne doit pas être mise au grand jour?

Nous en appelons à M. Henri Rochefort;

Aux héritiers, ou représentants fidèles de Jules Vallès;

Aux diffamés survivants (que nous n'avons pas à nommer) du journal de Marchal-de Bussy, de Stamir et d'Edouard Drumont;

Au *Figaro*, qui, dans sa magnifique prospérité, n'a jamais oublié le nom de son fondateur et en perpétue justement le souvenir en tête de ses colonnes.

Nous en appelons enfin au public!

JOSEPH ARON.

Nos remerciements bien sincères à Monsieur le Grand Rabbin de France qui nous a fait l'honneur de nous faire demander par M. Arthur Kahn quelques centaines de nos brochures, à M. le professeur Becker du Lycée Charlemagne envoyé par M. le Grand Rabbin, à MM. Leven et Klein, membres du Consistoire pour leurs si chaleureuses lettres, à MM. Bernard Lazare, Prague, Wormser et autres, qui nous ont fait l'honneur de nous féliciter verbalement. Dans notre prochaine édition nous publierons toutes les lettres reçues.

J. A.

Imprimerie PAUL SCHMIDT, 5, av. Verdier, Grand-Montrouge

JOSEPH ARON

LA RÉSURRECTION

de Lazare !

SUIVIE D'UNE

LETTRE OUVERTE

A Monsieur le Grand Rabbin de France

ET

A Monsieur le Procureur de la République

Prix : 50 Centimes

PARIS

1, RUE CONDORCET, 1

1896

LE CONCOURS DE LA "LIBRE PAROLE"

Mes collaborateurs sont impétueux et jeunes ; ils ne comprennent pas qu'à un certain âge on goûte des joies infinies dans l'étude des êtres, dans ces observations humaines qui justifient tout ce qu'on a écrit. Ils ont regretté qu'on ait appelé M. Bernard Lazare à faire partie de notre jury. Pour moi, je suis ravi de cette idée et c'est avec un plaisir que je ne dissimule pas, que je vois le Juif se développer selon son type.

J'avais écrit que si un Juif désirait figurer parmi les juges de notre concours, nous y consentirions volontiers, pour manifester une fois de plus notre impartialité. M. Bernard Lazare s'offrit : on l'accepta.

Il est impossible, M. Bernard Lazare l'a reconnu lui-même, d'être plus aimable que je ne le fus envers lui lorsqu'il se présenta à la première séance. Quel homme de notre race n'aurait agi de même?

Voilà un Juif qui arrive tout seul au milieu de quinze ou seize personnes qui, à des degrés différents, sont plutôt hostiles que favorables à Israël. N'est-il pas de la plus élémentaire délicatesse d'épargner par d'obligeants procédés à quelqu'un qui est chez vous, l'embarras qu'il pourrait éprouver dans un milieu où il est un peu dépaysé?

Là-dessus, M. Bernard Lazare me consacre une page, où il déclare que lorsque je commence un article, je ne sais comment je le finirai, que je suis incapable de concevoir une idée, que je bats la campagne et que je divague.

M. Bernard Lazare me répondra que c'est son opinion, mais que voulez-vous, mon pauvre Lazare? ce n'était pas le moment d'écrire cela. Je ne vous en sais aucun mauvais gré, au contraire. Vous êtes dans votre race, dans votre rythme, vous êtes un exemple de ce goujatisme constitutionnel, de ce goujatisme inconscient qui est inné chez les vôtres et que ni la richesse, ni le succès, ni même une valeur intellectuelle très réelle, ne parviennent jamais à effacer.

C'est dans le sang. Nos ouvriers de France, les plus humbles et les plus modestes d'entre nous, ont l'instinct de certaines nuances que les Juifs ne comprendront jamais.

Il en est un peu de même de la prétention qu'affiche M. Bernard Lazare de faire des articles à propos des séances de notre jury. « A propos de ce concours, écrit-il, je demanderai à M. Drumont l'autorisation d'en parler librement et de donner sur lui et sur ses travaux mon appréciation, bien entendu quand on aura distribué la médaille. »

Non seulement, Lazare, je ne vous accorde pas cette autorisation pour l'excellente raison que je n'ai plus aucun droit de l'accorder dès que le Jury est constitué, mais je vous défends de la prendre. Si vous passiez outre, je vous mènerais sur un autre terrain que le terrain de la discussion. En ce qui me concerne, je commence à être au-dessus de beaucoup de choses, mais je ne puis admettre que les honnêtes gens qui ont répondu à mon appel puissent être l'objet de commentaires plus ou moins fantaisistes à propos de la mission qu'ils ont consenti à accepter.

Vous faites partie, en très excellente et très honorable compagnie, d'un jury chargé de juger des manuscrits. Vous n'avez à faire ni du commérage, ni du reportage, ni de l'espionnage; vous n'avez pas à raconter les discussions qui pourront s'élever dans le jury.

Si les jurés pensent qu'il doive être publié un compte rendu des séances, ils désigneront un des leurs pour remplir cette tâche, mais je vous interdis de vous investir vous-même de ces fonctions délicates. Nous avons déjà le *Journal* des Goncourt, je ne vois pas la nécessité d'avoir le *Journal des Concours*...

Ceci est l'évidence même, et j'ajoute qu'il faut être Juif pour se faire ainsi donner publiquement une leçon de bienséance.

C'est par ces exemples pris sur le vif qu'il faut instruire les nouvelles générations. Essayez comme moi, montrez-vous courtois avec le Juif, poussez l'impartialité au point de l'admettre parmi les juges d'un concours, il cherchera immédiatement le moyen de vous déranger; il fera le cheveu sur la soupe...

C'est le cas de Bernard Lazare, et, sans être mage, je puis tirer d'avance son horoscope. Au lieu de se conduire civilement et décemment, il se fera dire des choses désagréables; il en fera dire à d'autres; il lui arrivera sur le terrain une histoire ridicule et ses coreligionnaires eux-mêmes s'écrieront : « En voilà encore un qui aurait mieux fait de rester tranquille! »

De ce que l'âge et l'expérience des hommes et des choses vous ont rendu philosophe et fait entrer peu à peu dans une douce sérénité, il ne s'ensuit pas qu'on doive se laisser embêter à perpétuité. Il en est de ces procédés littéraires, d'un goût discutable, comme des légendes stupides que font courir sur le boulevard des gens pour lesquels on a été généreux et bon, jusqu'à la faiblesse, dans des circonstances difficiles. Il arrive toujours un moment où l'on finit par s'expliquer... (*La Libre Parole*, 16 juin 1896). — ÉDOUARD DRUMONT.

Peu de jours après la publication de cet article eut lieu le fameux duel Drumont-Lazare. Nous lisons à ce sujet, dans la *Libre Parole* du 20 juin 1896.

A DRUMONT

C'est le titre d'un entrefilet paru hier matin dans l'*Autorité*, signé des initiales de Paul de Cassagnac.

Cet entrefilet, le voici :

A DRUMONT

Drumont vient de se battre avec un juif, et il est sorti sain et sauf de cette nouvelle rencontre.

Qu'il permette à son vieux camarade, solidaire de ses haines, de l'en complimenter et de lui adresser publiquement les félicitations sincères et cordiales d'une inaltérable amitié.   C.

Nous ne pouvions mieux faire que reproduire : tous nos amis enverront avec nous leur cordial salut et l'expression de leur vive sympathie au vaillant lutteur.

Que le Directeur de l'*Autorité*, avec qui j'ai eu l'honneur d'entrer récemment en relations, me permette d'y joindre l'hommage de mon respectueux dévouement à sa personne.

Avec des Français de sa trempe, on s'entend toujours en dépit des divergences d'opinions, le but poursuivi étant le même.

Merci à tous les amis qui ont saisi l'occasion de son duel, pour envoyer à Drumont les plus précieux témoignages.

Merci à Moulhon et aux camarades de combat de la *France Libre* que nous citons les derniers, parce qu'ils sont beaucoup des nôtres.   A. M.

Nous nous permettrons de faire remarquer à Bernard Lazare que ce n'est pas la première fois que Paul de Cassagnac, le glorieux et courageux soldat de l'Empire, défend le Mouchard de l'Empire. Il n'a qu'à consulter la collection de l'*Inflexible* qu'il a. Nos lecteurs la trouveront à la Bibliothèque nationale.

J. A.

LETTRE OUVERTE

A

M. BERNARD LAZARE

Monsieur,

Dans votre récente brochure : *Contre l'Antisémitisme,* — *histoire d'une polémique*, quelques lignes arrêtent mon regard à la première lecture ; je vous demande la permission de les reproduire tout d'abord et d'y répondre ensuite :

> " Les Juifs ", — dites-vous. — « fidèles à d'antiques traditions d'humilité et par pusillanimité atavique ne se défendent pas... " Pauvres esprits et pauvres cervelles ", aveugles et sourds, sans intelligence, sans compréhension, " sans courage " et sans énergie. »

Voilà qui est parler sans ambages comme sans ambiguïté, et votre réputation naissante me permet de considérer ces lignes comme l'expression d'une pensée *voulue* et de venir converser librement avec vous, — en remontant toutefois un peu plus haut.

Au lendemain de la publication de ma brochure : *les Mensonges de Drumont*, vous avez bien voulu me faire visite et m'apporter vous-même, à titre gracieux, un opuscule, fort remarquable, que vous aviez fait paraître en mars 1895, intitulé *Lettres prolétariennes — antisémitisme et révolution*. C'était le *premier* numéro d'une série à 10 centimes l'exemplaire, que vous annonciez comme devant paraître tous *les trois mois*.

Un des membres les plus éminents de l'*Alliance Israélite* m'avait parlé de vous en termes si chaleureux, et comme homme littéraire et comme homme privé, que je vous avoue franchement que je fus très honoré (*et je le suis encore*) de votre visite.

Quelques jours après, vous êtes revenu me voir pour me remercier de l'envoi que je vous avais fait de mes publications. J'avais alors affiché, 1, rue Condorcet, les 15 pages de votre petite brochure de mars 1895, et je vous exprimai franchement mon étonnement que vous en fussiez resté là. En effet, votre nº 2 aurait dû paraître en juin 1895, le nº 3 en septembre 1895 et ainsi de suite.

Vous m'avez alors confessé que vos moyens personnels ne vous permettaient pas de continuer cette publication et que les Princes d'Israël ne voyaient pas l'utilité de répandre à profusion cette brochure. *Un lâche et dédaigneux silence*, disiez-vous, *était ce qu'ils préféraient.* — Pour vous, vous me déclarâtes que vous restiez sur la brèche.

Je connais cela par moi-même; à moi aussi, des Israélites riches et puissants ont déclaré qu'il valait mieux se taire et mépriser les injures de Drumont. C'est la théorie des *Ventrus* du temps de Louis-Philippe; c'est celle des *Repus* des temps récents.

En attendant, Drumont poursuit son œuvre, avec son sous-chef Cassagnac, et le jour viendra où les *Juifs pauvres*, aussi intéressants que les *Chrétiens pauvres*, seront peut-être massacrés en bloc parce que les *Juifs riches*, désormais à l'abri comme les autres riches, n'auront pas voulu les défendre contre les carnassiers et les agitateurs de profession.

Quant à vous, toutefois, Monsieur, il se trouva un Juif riche, publiciste *illustre en ambition*, qui voulut bien vous ouvrir toutes grandes les colonnes du *Voltaire* et de son frère siamois *le Public!!!* J'ai nommé M. Klotz, qui consentit à vous laisser combattre Drumont. Il n'y a, en effet, que les préoccupations électorales qui inoculent un peu de *serum* combattif aux repus. Votre querelle avec Drumont, dans ces deux journaux siamois, restera peut-être célèbre, et je vous le souhaite vivement, mais vous voudrez bien vous rappeler que, la veille même de l'article de Drumont du 16 juin 1896 (que je reproduis comme introduction en tête de cette brochure), je vous fis observer combien était triste votre position, combien nulles seraient votre attitude et votre intervention, dans ce fameux Comité choisi par Drumont, qui ne vous y avait admis que sur votre demande.

J'ai déjà parlé de ma vitrine de la rue Condorcet; je tiens à mettre les points sur les i.

Devant le silence organisé, même à prix d'or, contre mes pensées, aussi bien par ceux que je combats que par ceux que je défends par le bon sens et la vérité (1), j'ai dû prendre une bou-

_____

(1) Nous devons cependant faire une exception. M. Hubner, un ancien notable commerçant, si souvent nommé par Drumont dans la *France Juive* et dans la *Fin d'un Monde*, a publié dans le *Stentor* du 30 juin dernier :

Un autre Alsacien, qui a la faveur d'avoir séjourné très longtemps en Amérique et fut témoin du krach des mines d'or qui ruina tant de Français de

tique où j'affiche, pour les passants, mes trouvailles et mes commentaires. Ce n'est pas la publicité onéreuse, ouverte aux seuls puissants de ce monde, du *Figaro* ou du *Temps*, mais elle est sincère et quinze cents personnes la lisent quotidiennement.

Jamais je n'y ai affiché une attaque sans y afficher la réponse; jamais je n'y ai étalé une riposte sans la faire précéder de la pièce authentique à laquelle je répliquais. Que de journaux en ce monde ne pourraient pas en dire autant!

C'est là, notamment, que j'ai affiché le *Plébiscite sur Drumont*, et son succès a été tel que le rédacteur en chef de la *Libre Parole* a bien été, quoique malgré lui, forcé d'en faire mention; seulement, comme il n'avait rien de sérieux à riposter, il m'a traité de fantaisiste (1).

Donc, à cette vitrine de la rue Condorcet, je vous affirme que j'exprimai, lors de votre seconde visite chez moi, mon opinion sincère sur votre duel au pistolet.....

Depuis, Monsieur, je ne vous ai plus revu. J'ai cru que vous étiez un peu froissé de la liberté avec laquelle je ridiculisais les

la Californie, crut devoir obéir à un sentiment de SOLIDARITÉ NATIONALE, devenu si rare aujourd'hui qu'il n'est plus qu'un objet de calomnies et de persécutions.

Cet Alsacien, un de ces bons israélites qui, comme il advient souvent en Alsace, participent aussi bien de leurs deniers à l'édification d'une église catholique que d'un temple protestant ou d'une synagogue, M. JOSEPH ARON, excité par le souvenir ineffaçable des nombreuses ruines causées à SAN-FRAN-CISCO, et notamment dans la colonie française, par les boniments et les manœuvres des lanceurs d'actions de MINES D'OR, crut que c'était un devoir civique de répandre à profusion dans Paris la traduction française des avertissements donnés aux Anglais par la bonne presse anglaise, contre les dangers de ces actions de Mines d'or du Transvaal que notre presse quotidienne cachait à leurs lecteurs.

C'était faire un bien noble usage de l'indépendance que lui gagna sa longue carrière commerciale. Il adressait ces coûteuses publications bi-mensuelles à nos principaux journalistes et gouvernants, souvent même sous plis recommandés.

Les journalistes firent la conspiration du silence; et nos gouvernants, la sourde oreille; mais ils firent probablement encore leur profit de ces avertissements que par reconnaissance, Sir Reynals, lord-maire de Londres, l'ami et l'associé de Barnato, vint confirmer, l'an dernier, sous prétexte de se rendre à la petite Exposition maritime de Bordeaux.

Voilà certes, de la part de M. Joseph Aron, une œuvre bien plus française et patriotique que celles de certains journalistes tapageurs subventionnés, quoique riches, par des caisses financières qui les obligent à de ces compromissions dont les aveux successifs abreuvèrent de dégoût ce vaillant et franc MARQUIS DE MORÈS et contribuèrent certainement à son inébranlable résolution de son départ pour la conquête commerciale française de l'hinterland africain.

(*Le Stentor*, 30 juin 1896.)

(1) « Un Juif dont l'extraordinaire fantaisie désarme toute colère, « organisa un plébiscite dans une boutique de la rue Condorcet, sur « cette question : Drumont descend-il de Juifs?..., etc... »

(*La Libre Parole*, 22 mai 1896). — « Signé: Ed. Drumont. »

duels à la Gambetta-Fourtou. Du reste, tous les duels sont ridicules, d'après moi.

De mon côté, Monsieur, pourquoi ne vous l'avouerai-je pas?... j'étais peut-être un peu surpris que, dans le *Voltaire*, vous ne fissiez aucune mention de mon affaire en police correctionnelle contre Kératry, vous en paraissiez indigné quand je vous l'avais racontée; mais comme je n'appartiens pas aux *chers confrères*, je suppose que votre *illustre* Klotz vous défendit d'en faire mention. Et cependant, mon affaire n'est pas si banale que cela! Quatre agents de la sûreté, venant m'arrêter à *six* heures et demie du matin pour affaire de presse (1); des poursuites nouvelles, entre-

(1) A ce sujet, en notre qualité de citoyen américain, nous avons envoyé une protestation explicative et fortement motivée à l'ambassadeur des Etats-Unis qui nous a répondu que notre plainte, pour avoir une suite, serait plus utilement adressée à M. le Procureur de la République. Nous avons suivi ce conseil. Nous espérons que M. Athalin voudrait bien s'occuper de cette affaire avec le soin qu'elle comporte, et dans laquelle la liberté individuelle est en cause.

Nous espérons également qu'il voudra bien lire notre lettre publiée dans l'*Or et l'Argent* au sujet de l'insulte aussi gratuite que grossière que Me Decori a faite à notre brave et digne serviteur et *gérant* Pierre Garde et puis méditer sur les extraits d'un article d'un des magistrats les plus distingués de Paris, M. l'avocat général Cruppi, publié tout récemment dans la *Revue des deux Mondes*. Nous sommes heureux de reproduire ces lignes qui font grand honneur à son auteur. J. A.

Nous ne ferons pas assurément une œuvre bien nouvelle, dit M. Cruppi, en critiquant cette institution de la gérance, sévèrement appréciée par tous ceux qui ont examiné notre Code de la Presse. C'est une vieille erreur qui, une fois entrée dans la législation du pays le plus conservateur qui soit au monde (je parle du nôtre), passe de loi en loi, de régime en régime, toujours condamnée et toujours vivace. Notre esprit de routine cependant n'explique pas entièrement la durée de cette loi injuste. On ne saurait méconnaître que la gérance est une institution commode, d'abord pour ceux que le « procureur à la prison » protège et qui peuvent ainsi commettre des délits en se dérobant à leurs conséquences; ensuite pour les gouvernements qui de temps en temps veulent paraître énergiques sans irriter la presse, et trouvent ainsi sous leur main une victime expiatoire. A aucun autre point de vue l'institution de la gérance fictive ne peut trouver de défenseurs.

Il suffirait pour cela, selon nous, de renoncer à l'institution actuelle de la gérance et de rechercher les publicateurs réels en s'appuyant sur ce principe fondamental de notre droit : que ce qui constitue le délit de presse comme tout autre, c'est la volonté, l'intention de nuire. Or, chez qui se rencontre cette intention? Avant tout chez l'auteur de l'article destiné à la publication, chez l'écrivain, le créateur du corps du délit, que par d'étranges subtilités on nous présente aujourd'hui comme le complice!

Ce n'est pas tout. A côté de l'écrivain se trouve le directeur du journal qui a inséré l'article. Voilà le vrai publicateur, l'agent effectif et l'entrepreneur de la publication! Sa personnalité et sa fonction se reconnaissent, à ce qui nous semble, à cette pierre de touche, que c'est lui qui agrée ou qui refuse les articles destinés au journal; c'est lui, par conséquent, qui est le publicateur intellectuel et non le publicateur fictif comme le gérant, ou le publicateur matériel comme le prote. Il doit être considéré comme « co-auteur » du délit commis par l'écrivain. L'écrivain, le directeur, voilà les deux responsabilités réelles que le jury devra trouver en face de lui!

Il faut inscrire dans la loi, au lieu du texte ambigu qui limite la responsabilité des propriétaires aux « termes du Code civil » l'article suivant, qui a déjà figuré en 1881 dans le projet de la commission : « Les propriétaires des journaux ou écrits périodiques seront civilement responsables des condamnations pécuniaires prononcées contre les personnes désignées dans les deux articles précédents », c'est-à-dire contre le gérant, l'auteur, etc.

Par ces mesures, les propriétaires de journaux se trouveront responsables d'une façon absolue, non seulement des réparations civiles et des frais, mais encore des amendes auxquelles les auteurs ou complices des délits auront été condamnés. Cette rigueur est légitime et c'est qu'elle oblige les capitalistes à ne pas se désintéresser de l'exploitation morale de l'entreprise, et à apporter plus de soin et de scrupule au choix de leur délégué.

Ainsi, d'après ce système, deux responsabilités pénales se dégagent : celle de l'écrivain, celle du directeur. Puis la responsabilité civile étroite et rigoureuse des propriétaires assure l'exécution des condamnations prononcées.

Il faudra, par un remaniement dans les peines et dans les habitudes judiciaires, donner aux jurés le sentiment qu'ils font une œuvre efficace, et, pour y parvenir, orienter la répression vers les modes de réparations pécuniaires. Si les parties répugnent à demander des dommages

prises par l'ancien président des Obligataires du Panama, ci-devant le représentant autorisé de la Société des gens de lettres, lequel demande 100.000 fr. de dommages-intérêts à celui qu'Emile Zola, comme Président des gens de lettres, remerciait par une lettre officielle — et, en outre des 100.000 fr., un an de prison pour mes lettres au Président de la République et à M. Bidault de l'Isle!!!

Pas si banale que cela, Monsieur, une affaire pour laquelle, malgré les efforts peu communs, héroïques même, de Me Decori, j'ai obtenu en Cour d'Appel l'infirmation de presque tout un jugement rendu à la vapeur par la neuvième chambre!!!

Pas si banale que cela, une affaire sur laquelle la Cour de Cassation est appelée à fixer une jurisprudence utile à bien du monde! Pourquoi, Monsieur, pas un mot de tout cela dans le *Voltaire?*

Pour être tout à fait franc, Monsieur, je ne comprenais pas non plus votre silence à mon sujet pendant toute ma campagne contre Drumont, entreprise, je vous l'affirme, par moi seul, avec mes seules ressources et à mes risques et périls. Vous le saviez, et, malgré cela, prudemment silencieux à mon sujet, vous m'avez étonné au delà de toute expression.

Pourtant le 12 juillet 1896 vous avez pris la peine de m'apporter vous-même à mon domicile, 59, rue de Maubeuge, votre dernière brochure : " *Contre l'antisémitisme, histoire d'une polémique. Prix 50 centimes. P V. Stock, éditeur, Palais royal* ", en m'en recommandant la lecture attentive, et en me priant de vous donner mon opinion sur elle.

Je le fais avec d'autant plus d'empressement que l'un des membres les plus influents du Consistoire Israélite, m'avait parlé de vous dans les termes les plus élogieux. Mais permettez-moi, Monsieur, avant de continuer, de rappeler encore une fois ce passage de votre dernière brochure :

> " Les Juifs fidèles à d'antiques traditions d'humilité et par pusillanimité atavique, ne se défendent pas... "Pauvres esprits et pauvres cervelles ", aveugles et sourds, sans intelligence, sans compréhension, " sans courage " et sans énergie. "

Si, réellement, la race juive était telle que vous la montrez, le plus tôt qu'elle disparaîtrait comme race serait le mieux, et les quelques hommes qu'il en resterait, possédant encore de la vigueur

intérêts importants, que la loi donne l'exemple, en substituant à ses amendes de 100 à 3.000 fr. des amendes élevées dont le maximum pourra être porté à 25,000 ou 30,000 francs. Ces amendes, toujours garanties par la fortune des propriétaires, iront grossir, si l'on veut, la caisse d'une institution de prévoyance ou de retraite.

et de l'énergie, devraient faire leur possible pour infuser un sang nouveau à l'humanité abâtardie.

L'*Univers israélite* (1), l'organe bien connu des Rothschild, sous la haute direction de savants et éminents rabbins, vous fait l'honneur de consacrer les sept premières pages de son numéro du 10 juillet à reproduire votre préface, avec une très chaleureuse introduction; permettez-moi, Monsieur, de ne pas vous en féliciter. Cet honneur avait déjà été fait à Camille Dreyfus à l'occasion de la lettre d'Alexandre Dumas fils à Jules Lemaitre, au sujet de "*La femme de Claude*"; il est vrai que ce Camille Dreyfus, qui reçut 50,000 francs d'Ephrussi pour se battre à sa place, était un membre régulier de la presse, un "cher confrère". On me reprochera peut-être, parce que je ne suis qu'un "outsider", de mentionner ce fait, moi qui ai obtenu, *par un petit renvoi*, dans ledit *Univers israélite*, une petite note avec promesse — qu'on n'a pas tenue — de revenir sur mon sujet.

Etant absolument décidé à vous écrire avec franchise, je ne vous cacherai pas que j'ai autrefois été très flatté, je dirai même très orgueilleux, de pouvoir dire que c'est à moi seul que l'illustre dramaturge Alexandre Dumas a daigné vraiment répondre; et je profite de cette occasion pour vous envoyer le fac-simile des lettres de celui que je considère comme le Shakespeare français. La publication de ces lettres, ainsi que l'hommage que moi, *obscur, mais sincère*, ai rendu à la mémoire d'Alexandre Dumas fils m'ont valu deux lettres à jamais précieuses : l'une de sa veuve, l'autre de son gendre.

L'*Univers israélite*, en reproduisant votre brochure, vous a fait aussi le même honneur qu'à Zola. Devez-vous en être bien

(1) L'UNIVERS ISRAÉLITE. — *M. Bernard Lazare et M. Drumont.*
Nos lecteurs savent, au moins pour en avoir entendu parler ici, que M. Bernard Lazare a, dans une série d'articles parus dans le *Voltaire*, cherché à obtenir de M. Drumont une réponse à des questions très nettes sur les idées sociales du Prince de l'Antisémitisme. On sait aussi que M. Drumont s'est prudemment dérobé à la discussion que lui offrait M. Lazare. « Incapable de concevoir une idée, d'en saisir la portée, les conséquences et le contenu », il n'a pu échapper à la logique serrée de son adversaire qu'en recourant à des grossièretés et à des injures.

M. Bernard Lazare a eu l'excellente idée de réunir en une brochure les articles qu'il a publiés dans le *Voltaire*. Ils sont déjà fort intéressants par eux-mêmes et nous en recommandons vivement la lecture à ceux qui veulent se rendre compte « comment un juif a entendu la discussion, et comment un *Français de France*, catholique, a su y répondre ». Mais M. Lazare a ajouté à ces articles une excellente préface. Nous nous proposions d'abord de l'analyser. Nous avons renoncé à une pareille mutilation; nous la donnons en entier. Elle vaut en effet la peine d'être lue d'un bout à l'autre. Ecrite dans un style sobre, vigoureux, incisif elle est pleine de vérités — de vérités bonnes à connaître — et d'arguments relatifs à la guerre religieuse actuelle, dont tous indistinctement nous pourrons faire notre profit.

En ne célant rien, ni de la coupable indifférence des juifs, ni du véritable but de l'antisémitisme, M. Bernard Lazare rend un immense service à la cause de la tolérance, du progrès et de la liberté. Sa polémique, toujours modérée dans la forme, courtoise, mais ferme, volontaire et puissante dans le fond, est un des coups les plus droits et les plus heureux portés à l'œuvre néfaste de M. Drumont.   L. K.

flatté? Je ne le pense pas. Pour ceux qui connaissent certains grands journaux parisiens, il est notoire que des articles dans le genre de ceux publiés, sur la question juive, par le *Figaro* se paient à raison de 75 francs la ligne. Est-ce que les lecteurs du *Figaro* ont besoin d'être instruits sur la question juive? C'est aux lecteurs du *Petit Parisien*, du *Petit Journal*, c'est-à-dire à la masse, qu'il fallait s'adresser. Je vous ai fait connaître verbalement mon opinion sur l'auteur de *Nana*, de *Pot-Bouille* et de *La Terre*. Je vous ai dit que, quoique Juif, j'ai une profonde admiration pour la plus haute gloire, la plus parfaite de l'humanité, c'est-à-dire pour Jésus. Je vous ai dit aussi que j'avais été indigné, avec tous les gens de tact et de cœur, de l'inconvenance de Zola, qui avait, dans *La Terre*, donné ce grand nom respectable à une brute, d'autant plus que les filles publiques, prenant exemple sur Zola, se sont empressées d'appeler aussi " Jésus-Christ " le pétomane du Moulin Rouge.

Si les très puissants barons de la haute finance avaient voulu faire utilement et grandement écrire un article sur la question juive, et réfuter les calomnies intéressées de Drumont, il me semble qu'ils auraient pu trouver autrement mieux que Zola. J'aurais préféré, par exemple, qu'ils fussent allés le demander au grand Jules Simon, lequel aurait fait un véritable honneur à la cause dont il aurait pris la défense! En écrivant ce nom si pur de Jules Simon, je ne puis m'empêcher de penser que, par crainte de Drumont, les notabilités juives n'ont pas osé lui faire cortège jusqu'à sa dernière demeure, et j'en rougis pour eux, ainsi que pour le Président du Consistoire qui a manqué de convenance et de tact en donnant ce jour-là un « Garden Party ».

Jules Simon, que vous ne jugez pas comme moi, Monsieur, fut un homme dont une nation doit être fière, car ses œuvres sans exception peuvent trouver leur place dans la bibliothèque du philosophe aussi bien que dans celle de la mère de famille, et sa personnalité même est une gloire qui rayonne sur l'humanité tout entière. Ah! vraiment, si les grands financiers juifs sont fiers d'avoir été défendus par Zola, engagez-les donc à lire ces quelques extraits tirés de son livre *L'Argent* :

> « Il y avait là un groupe tumultueux, toute une
> « juiverie malpropre, de grosses faces luisantes, des
> « profils desséchés d'oiseaux voraces, une extraordinaire
> « réunion de nez typiques, rapprochés les uns des autres,

« ainsi que sur une proie s'acharnant, au milieu de cris
« gutturaux et comme près de se dévorer entre eux.....
    « Il (Saccard) dressait le réquisitoire contre la race, cette
« race maudite qui n'a plus de patrie, plus de prince,
« qui vit en parasite chez les nations, feignant de
« reconnaître les lois, mais en réalité n'obéissant qu'à
« son Dieu de vol, de sang, et de colère; et il la montrait
« remplissant partout la mission de féroce conquête que
« ce Dieu lui a donnée, s'établissant chez chaque peuple
« comme l'araignée au centre de sa toile pour guetter sa
« proie, sucer le sang de tous, s'engraisser de la vie des
« autres. Est-ce qu'on a jamais vu un Juif faisant œuvre
« de ses dix doigts? Est-ce qu'il y a des Juifs paysans,
« des Juifs ouvriers? Non, le travail déshonore, leur reli-
« gion le défend presque, n'exalte que l'exploitation du
« travail d'autrui. Oh! les gueux! Saccard semblait pris
« d'une rage d'autant plus grande, qu'il les admirait,
« qu'il leur enviait leurs prodigieuses facultés financières,
« cette science innée des chiffres, cette aisance naturelle
« dans les opérations les plus compliquées, ce flair et
« cette chance qui assurent le triomphe de tout ce qu'ils
« entreprennent. A ce jeu de voleur, disait-il, les chrétiens
« ne sont pas de force, ils finissent toujours par se noyer,
« tandis que, prenez un Juif qui ne sache même pas la
« tenue des livres, jetez-le dans l'eau trouble de quelque
« affaire véreuse, et il se sauvera, et il emportera tout le
« gain sur son dos; et il prophétisait avec emportement
« la conquête finale de tous les peuples, par les Juifs,
« quand ils auront accaparé la fortune totale du globe,
« ce qui ne tarderait pas puisqu'on leur laissait chaque
« jour étendre librement leur royauté et qu'on pouvait
« déjà voir, dans Paris, un Gundermann régner sur un
« trône plus solide et plus respecté que celui de l'Empire. »

Vous citerai-je encore, Monsieur, les Nathanson sautant de joie
en voyant Gundermann entrant chez le confiseur acheter des
bonbons pour ses petites filles? Vous citerai-je les Jacobi, les Moser,
les Busch, etc....., non, Monsieur, pas plus que les saletés de la
baronne Sandorf, ni la touchante histoire de l'ingénieur Hamelin
(hélas! il y en a beaucoup comme cela), ni celle d'Alice et de sa
malheureuse mère la Comtesse, dernier rejeton de l'antique race

des Beauvilliers? Ce serait faire le compte rendu de tout le volume de *L'Argent*, et je n'ai pas l'autorité nécessaire pour cela.

Cependant, je finirai ces citations par la description de Gundermann, que tout le monde a reconnu. Je passerai sous silence les détails sur la manière de vivre de Gundermann et de sa famille. Si *L'univers Israélite* et vous, êtes bien fiers de ces détails, venant de l'illustre *Zola*, moi j'en rougirais plutôt.

« Gundermann venait d'entrer, le banquier-roi, le maître de la
« Bourse et du monde, un homme de 60 ans, dont l'énorme tête
« chauve, au nez épais, aux yeux ronds à fleur de tête, exprimaient
« un entêtement et une fatigue immenses..... Souffrant depuis
« 20 ans d'une maladie d'estomac il ne se nourrissait absolument
« que de lait. Tout de suite le personnel fut en l'air pour
« apporter le verre d'eau. Moser, l'air anéanti, contemplait cet
« homme qui savait les secrets, qui faisait à son gré la hausse ou
« la baisse, comme Dieu fait le tonnerre; beaucoup de boursiers en
« train de partir restèrent debout entourant le Dieu, lui faisait une
« cour d'échine respectueuse et le regardaient avec vénération,
« prendre le verre d'eau d'une main tremblante, et le porter à ses
« lèvres décolorées..... »

Après avoir lu ces citations du néo-défenseur des grands Juifs, ne reconnaîtrez-vous pas que Drumont n'en a jamais dit plus ni plus violemment que Zola? C'est dit d'un autre style, voilà tout; mieux ou moins bien, je ne me permets pas de le juger, — mais toujours avec la même haine du Juif. C'est pour cela que je n'ai pas trop crié hurrah! à la lecture du plaidoyer inattendu imprimé en tête du *Figaro*, à la grande joie des badauds, et surtout des gros barons d'Israël qui, eux cependant, en connaissaient le prix de facture.

Revenons maintenant à votre dernière brochure. Je ne crois pas utile de vous répéter mon opinion sur votre acceptation de faire partie du fameux comité choisi par Drumont ainsi que sur votre duel avec lui; j'ai déjà publié tout ce que j'en pense à ma vitrine de la rue Condorcet, mais, j'ai remarqué, dès votre première page, les lignes que voici :

« Je l'ai dit, M. Drumont n'est pas tout l'antisémitisme; quelques-uns considèrent qu'il en a écrit l'évangile, mettons donc qu'il en soit le "Marc" ou le "Luc", mais il n'en est pas la cause, etc. »

Le membre du Consistoire qui vous porte tant d'intérêt et qui parle de vous dans les termes les plus élogieux, a déjà cité ce

nom de *Marc* comme étant celui sous lequel Drumont émargeait
à la Préfecture de Police alors qu'il collaborait, sous l'Empire, à
l'*Inflexible*, avec de Bussy et Slamir (1).

Est-ce vrai, Monsieur? Est-ce faux? Si cela est vrai, pourquoi, au
lieu de phrases ronflantes telles que : « L'opinion publique dira de
quel côté ont été la courtoisie, l'urbanité, le respect de soi-même,
la logique et la raison... », ne pas dire courageusement la vérité?

Moi, Monsieur, qui suis un simple profane, n'ayant et ne pouvant avoir aucune prétention d'appartenir à la presse, j'ai attaqué
M. Drumont parce qu'il a calomnié Michel Goudchaux, un des
hommes pour lesquels mon père avait une juste et profonde vénération. Et j'ai fait cela tout simplement, comme je le sentais et le
ressentais, sans chercher des formules confraternelles ni des ori-
peaux factices pour habiller mes pensées naturelles.

Je reçus même à cette occasion, une lettre reproduite textuellement dans ma brochure *Mon pauvre Drumont*. Les détails en
étaient positifs, je les ai vérifiés à la Bibliothèque Nationale, et
c'est sur leur authenticité bien établie que je publiai ma brochure
Mon pauvre Drumont.

Vous, Monsieur, vous étiez avant moi en possession d'une collection de l'*Inflexible*. Cela, je le sais bien puisque le seul libraire
que l'on m'avait indiqué comme possédant cette collection me
déclara vous l'avoir vendue quelque temps auparavant; le hasard
m'en procura une autre, certainement plus précieuse puisque j'y
ai trouvé l'*épreuve corrigée* du premier numéro de cette publication. Qui sait? Corrigée peut-être par *Marc* lui-même. Et vous
vîtes que je ne redoutai pas de parler sans crainte, dès que j'eus
ces documents.

Votre silence à vous, Monsieur, sur ces mêmes sujets m'est
presque une preuve que vous croyez que le fondateur du *Figaro*,
Villemessant, en avait menti autrefois en attaquant Drumont.
Vous avez, du reste, eu peut-être raison de vous taire, et l'on
perd vraiment son temps en voulant faire le bien. Pas plus au
Figaro que chez Rochefort, nul n'a eu la curiosité de prendre
connaissance de cette *épreuve unique* que j'ai pourtant tenue à
la disposition de tous. Mais voilà! Drumont n'est plus de
l'*Inflexible*, aujourd'hui! Il est de la grande corporation, de la
sainte famille des journalistes!

Au surplus, les deux organes israélites de Paris, l'*Univers* et

(1) Voir l'*Intransigeant* du 26 janvier 1896.

les Archives, doivent me considérer comme un ca omniateur, puisqu'ils font comme mon *calomnié* Drumont, lequel quand il ne se tait pas, se dérobe par une pirouette, en ne parla que de mon *extraordinaire fantaisie*.

Notez bien, Monsieur, que s'il m'était déclaré que j'ai été induit en erreur en accusant Drumont d'avoir été le complice de Samir et Marchal à l'*Inflexible*, j'en ferais volontiers, sans fausse honte, et publiquement, amende honorable. D'autant plus que je m'aperçois que le *Figaro* et Rochefort semblent traiter aujourd'hui de divertissements et de jeux d'esprit des articles qu'ils appelaient jadis des infamies et des ordures. Je ne veux pas être dorénavant plus royaliste que le roi ni plus sémitiste que les chefs du culte juif, et je ne vous dirai que peu de mots pour finir :

En premier lieu, il y aurait bien plus à répondre que vous ne l'avez fait, comme sociologue, au sujet des capitalistes juifs et des capitalistes chrétiens. J'ai beaucoup connu ceux qu'on appelle les milliardaires d'Amérique : JAY GOULD, dont une partie des millions (devenue française) est le point de mire d'un hallali chrétien fort intéressant, les Vanderbilt dont j'ai connu le père, Mackay que j'ai connu simple mineur, etc., etc.

Là où est l'argent, tous les hommes se ressemblent et le nez ne fait rien à l'affaire. Mais cette dissertation sortirait du cadre de notre sujet actuel.

En second lieu, quand vous dites que « Drumont n'est pas le chef de l'antisémitisme, qu'il n'a pas l'importance qu'il s'attribue lui-même et que les autres lui accordent... », permettez-moi de ne pas partager votre opinion — j'allais dire votre erreur — sur ce point. — Drumont, quoique vous en disiez, est le chef de l'anti-sémitisme ; — *la France Juive*, qui, reconnaissons-le, renferme beaucoup de vérités et même du talent, a fait un tort considérable à tous les Juifs, surtout aux petits. Mais il manque à Drumont la bonne foi ; il y a de bons Juifs et il y en a de mauvais, et ce n'est pas dans la question antisémitique qu'il faut chercher la solution aux maux actuels de l'humanité en crise ; le remède en est dans de bonnes lois financières et sociales. Réprimons les excès de l'argent trop puissant. Sachons faire comme Guillaume II (notre loyal ennemi, comme l'a dit après moi le *Figaro*), et que le Parlement français n'hésite pas à suivre son exemple pour protéger l'épargne nationale. On n'a qu'à lire cet extrait du *Matin* du 3 juillet courant :

MARCHÉ FINANCIER

QUESTION DU JOUR. — **La nouvelle loi sur les Bourses en Allemagne.** — Cette loi, acceptée par le conseil fédéral, a été sanctionnée par l'empereur, et promulguée au *Reichsanzeiger*. Depuis le 1er juillet, on applique l'article 39, que nous résumons :

L'admission aux négociations des titres d'une entreprise quelconque, transformée en société par actions ou en société en commandite, ne peut avoir lieu qu'un an après l'inscription de ladite société dans le Registre du commerce ou après la publication du bilan annuel avec le compte de Profits et Pertes. Dans des cas particuliers, la remise partielle ou complète de ce délai peut être accordée par le Gouvernement du pays.

Les émetteurs de titres de sociétés industrielles étrangères non garanties par l'Etat s'engagent à publier annuellement, pendant cinq ans, le bilan avec le compte de profits et pertes, dans au moins un journal allemand.

Que l'on avise de même partout et tout ira mieux. Laissons Drumont faire fortune et laissons Zola grossir la sienne. Ce dernier en a besoin, car les satisfactions d'orgueil semblent devoir lui échapper..... Après avoir fui l'académie des Goncourt, il sera bientôt forcé d'y revenir. Or, comme l'a dit Sardou (dont je note tous les mots parce que, ayant eu avec lui de célèbres relations commerciales, tout ce qu'il dit ou fait m'intéresse), l'*Académie des Goncourt sera à l'Académie française ce que l'Étoile de Counani est à la Toison d'or*, et comme, en lisant le testament de M. de Goncourt, nous venons de voir que M. Henry Céard (1), qui devait d'abord faire partie de cette académie en a été rayé par le fondateur lui-même, il trouvera vite à y poser de nouveau sa candidature.

Que Zola défende les Juifs ou que Drumont les attaque, continuons, nous, à n'écrire que ce que nous pensons, avec désintéressement autant que possible, et avec bonne foi toujours.

Malgré notre divergence de point de vue en ce moment, Monsieur, je sais et me suis convaincu que vous avez toutes les qualités morales et littéraires qu'il faut pour suivre un loyal et utile programme, et c'est pour cela que je me permets de vous dire, en terminant, avec le sincère intérêt que je vous porte toujours :

« Lazare, lève-toi ! »

JOSEPH ARON.

(1) Ancien témoin de M. de Kératry contre moi dans une tentative de duel de l'ancien Préfet de Police.

LETTRE OUVERTE

A

M. LE GRAND RABIN DE FRANCE

Monsieur le Grand Rabbin,

J'ai l'honneur d'appeler votre haute attention sur la lettre ouverte que j'adresse à M. Bernard Lazare, collaborateur de l'illustre israélite Klotz, propriétaire des deux journaux siamois le *Voltaire* à 0 fr. 10 et le *Public* à 0 fr. 05, imprimés tous deux 24, rue Chauchat, chez Alcan Lévy, avec la même rédaction, les mêmes articles, les mêmes formes enfin.

Monsieur le Grand Rabbin, j'ai eu l'honneur de vous connaître bien jeune; je suis parti pour les Etats-Unis, presque en même temps que M. Eugène Meyer, votre beau-frère. Nous étions employés ensemble. Aujourd'hui, il est associé à la haute et puissante maison de banque Lazard frères et Cᵉ, dont il est le principal représentant à New York, où je fus moi-même, avant lui, le premier fondé de pouvoirs. Il est, comme moi, citoyen des Etats-Unis, comme le sont aussi, du reste, MM. Alexandre Lazard, Simon Lazard, David Cahn, tous clients du célèbre avocat, sénateur et candidat à la Présidence de la République, Waldeck-Rousseau, lequel a cru pouvoir se permettre de me faire insulter en cette qualité de citoyen américain par un de ses plus chers élèves, à la neuvième chambre, devant M. Bidault de l'Isle, assisté du juge Katz, dont j'ai connu le père à Strasbourg. Peut-être, Monsieur le Grand Rabbin, daignerez-vous certifier, (comme vient de le faire le chargé d'affaires des Etats-Unis) que je ne suis pas le rastaquouère, l'agioteur, dépeint par Mᵉ Decori, l'avocat si vanté par Séverine à la suite de sa défense de Jacques Saint-Cère, Decori, qui dans sa plaidoirie contre moi se fait aussi le défenseur de son maître Waldeck Rousseau...

On m'a souvent reproché, parmi nos coreligionnaires, d'acheter et de lire la *Libre Parole*. Autant que je puis le faire, je lis en effet tout, le pour et le contre, et je crois bien faire.

C'est ainsi, Monsieur le Grand-Rabbin, que si vous jetiez un

coup d'œil sur ce journal, à la date du 19 juillet, vous y verriez, à la page 3, des passages très curieux sur Crémieux-Foa et Mᵉ Demange. Vous y remarqueriez surtout les lignes suivantes au sujet d'une nouvelle antisémitique :

> « Quel vilain spécimen de la race juive! écrivait dans
> « l'*Éclair*, le lendemain du procès, Mᵐᵉ Séverine, qui
> « était devenue antisémite du coup. »...

Mᵐᵉ Séverine, qui s'est retirée ou qu'on a retirée de la *Libre Parole* peu de temps après l'article publié par l'*Intransigeant* du 26 janvier 1896, avec le titre : *Souvenirs de Police*, sous la signature de Henri Rochefort, dont copie ci-dessous :

SOUVENIRS DE POLICE

La marmite a fait explosion et j'en ai reçu les éclats, qui se résoudront heureusement en éclats de rire.

Oui, j'ai diffamé Marie-Antoinette; j'ai même insulté sainte Pélagie, qui est aussi une femme; je n'ai pas l'ombre de talent; je suis un malhonnête homme, à ce point que je me demande lequel, de Labruyère ou de moi, est au Dépôt sous l'inculpation d'extorsion de fonds.

Oui, Charles Marchal, le policier de l'Empire, qui mourut au coin d'une borne au milieu de déjections d'absinthe, a eu raison de prétendre que j'étais, non pas Français, mais Américain du Sud, et que je portais un faux nom.

Je suis un « pitre » et aussi un « vieillard »; mais ces différentes qualifications ne nous apprennent pas pourquoi Mᵐᵉ Séverine, malgré sa « bravoure », commettait la lâcheté d'insulter grossièrement notre ami Émile Massard, qui ne pouvait lui envoyer de témoins.

Cependant un vomissement, qu'un peu d'ipécacuanha suffit à provoquer, n'a jamais tenu lieu d'argumentation. Reprendre la collection de l'*Inflexible* ou les rapports qu'un agent de la police secrète, qui signait « Marc », écrivait sur moi et que Raoul Rigault m'a remis au 4 septembre, rien de plus facile.

Oui, si Mᵐᵉ Séverine-Coup-d'Épée y tient, je suis un goujat et même un marquis, car tous les imbéciles qui ont tenté de m'invectiver ont fini invariablement par m'appeler « marquis »; mais je n'en ai pas moins reçu la lettre suivante, qui sera utilement jointe au dossier de Padlewski.

Elle émane d'un de nos confrères les plus honorables et les plus estimés :

Paris, 24 janvier 1896.

Mon cher Rochefort,

Vous me demandez confirmation de ce qui a été raconté dans l'*Intransigeant* du 14 janvier, à propos de l'incident qui s'est produit entre moi et M. Poulebard de Labruyère.

Voici les faits :

M. de Labruyère s'était présenté en mon nom chez M. Larue, gérant de la brasserie Grüber, et lui avait demandé en toute hâte cent francs, en lui affirmant qu'il venait de ma part et que devant me battre le lendemain, j'avais de cet argent un absolu besoin.

M. Larue, fort aimablement, donna les cent francs.

Naturellement, j'ignorais cet emprunt et, d'ailleurs, je n'avais aucun duel en perspective.

Quelques jours après, me trouvant à la brasserie Grüber, M. Larue me demande des nouvelles de ce duel, dont il n'avait lu aucune relation dans les journaux.

C'est ainsi que j'appris l'emprunt fait par Labruyère.

A peu de temps de là, m'étant trouvé à dîner chez le peintre Louis Dumoulin avec M. de Labruyère, je lui reprochai sa conduite et, sur une réponse plus qu'ambiguë de sa part, je le giflai.

Voilà le fait ; je vous le livre sans commentaires.

Mes meilleures amitiés.   P. LORDON.

Voilà le professionnel de l'escroquerie dont Mᵐᵉ Séverine a fait son défenseur. Hein! comme c'est trouvé! Aller filouter cent francs à un grand négociant, en se présentant comme venant les emprunter au nom de quelqu'un qui en a besoin pour aller se battre en duel! Ce n'est pas nous autres, pauvres gens sans carnet, qui aurions imaginé celle-là!

Et il y a des tas d'aventures du même ordre à l'actif du dénommé Labruyère! Tel est le personnage avec lequel Notre-Dame de la Larme à l'Œil et surtout de la Galette obligeait nos amis à se rencontrer.

Malheureusement, la « vacherie » humaine — passez-moi le mot — a fait chez nous de tels progrès, que ce couple avait fini par obtenir ses entrées dans divers journaux, où la Carconte trônait au comptoir et où elle pleurnichait hebdomadairement, flairant quelque proie qu'elle repassait à son mec.

Eh bien! je maintiens que c'est notre devoir d'en finir avec ces chantages et ces appels de fonds, qu'ils tombent ou non sous le coup de la loi. Plusieurs de nos confrères et moi les avons signalés, parce qu'ils déshonorent notre corporation et qu'il nous est impossible de les tolérer plus longtemps sans en devenir les complices.

Tant pis pour ceux d'entre nous qui continueront à les encourager par leur inertie, par leur faiblesse ou par leur indifférence!

                                                    HENRI ROCHEFORT.

(L'Intransigeant, dimanche 26 janvier 1896.)

Quel parallèle à établir, Monsieur le Grand Rabbin! Vous y avez sans doute remarqué cette phrase : « Reprendre la collection de l'*Inflexible*, ou les rapports que l'agent de police secrète qui signait *Marc* écrivait sur moi et que Raoul Rigault m'a remis au 4 septembre, rien de plus facile, etc., etc. »

Dans ce numéro de la *Libre Parole* du 19 juillet 1896, vous trouverez aussi un éloge de Rochefort et de l'*Intransigeant*, ainsi que de Déroulède, que Drumont a si malmené dans la *France Juive*. Quant à Morès, malgré ses erreurs, je salue sa mémoire en raison de sa mort héroïque en cherchant à combattre l'Angleterre. Du reste, malgré ce qu'en disent aujourd'hui certains journaux, il est avéré qu'il est parti dégoûté de Drumont et de sa bande.

Dans cet article de la *Libre Parole*, il y a bien des choses à relever, à réfuter et à flétrir, par exemple le passage concernant Daniel Lévy, le Président des Alsaciens-Lorrains, Président honoraire et fondateur de la Bibliothèque française de San Francisco, le distingué correspondant de la Société pour la propagation de la langue française présidée par le grand chancelier de la Légion d'honneur.

Cet honnête homme, ce patriote aimant la France par-dessus tout, presque mourant aujourd'hui, est accusé par l'individu qui a signé l'article sur Morès, d'avoir donné la main à l'Anglais pour combattre Morès!

Mieux que personne, je puis juger de l'infamie de cette abominable calomnie car, parti avec Daniel Lévy pour la Californie en 1855, je ne l'ai jamais perdu de vue, et je puis affirmer qu'il a fait plus pour la propagation de la langue et des idées françaises que tous les Kératry et les Chotteau. Je ne reviendrai plus sur le sujet de Morès que pour vous dire, Monsieur le Grand Rabbin, que son beau-père, M. Von Hoffmann, dont j'ai été pendant long-temps le co-directeur dans la *Eureka*, est un des plus éminents banquiers de New York, un homme très loyal et très honnête, qui n'a jamais mérité les insultes que lui avait lancées M. Camille Dreyfus, et qui affirmerait sans hésiter que si, dans sa longue carrière commerciale, il a rencontré quelques Juifs malhonnêtes, il en a rencontré beaucoup dont il n'a eu qu'à se louer sous le rapport de la haute probité, absolument, d'ailleurs, comme chez les chrétiens. S'il voulait raconter dans tous ses détails l'histoire du chemin de fer Erie et du fameux Jay Gould, *qui n'était pas Juif celui-là*, bien des grands et pieux personnages du noble faubourg, qui se prosternent devant l'or américain, seraient dans une situation bien embarrassée et feraient peut-être une vilaine grimace.

Et dans tout cela ce qu'il y a de tristement scandaleux, ce sont ces alliances temporaires et intermittentes entre les Rochefort qui n'ont qu'un but : enlever toute croyance aux pauvres désespérés de toutes les religions, et les Drumont qui font métier de religiosité, de fanatisme et d'intolérance moyen âge! Dès qu'il s'agit de faire œuvre de discorde et de démolition, ils sont d'accord. Ils ne se brouillent que quand des intérêts de boutique entrent en scène; en ce moment, par exemple, ça n'a pas l'air de trop bien marcher. Rochefort veut bien oublier le *Marc*-Drumont de l'*Inflexible*, mais il ne peut pas se résoudre à pardonner à la Séverine du procès Lebaudy, ni au Déroulède des papiers du Nègre. Drumont fait de Morès, *avec lequel il était brouillé*, sa propriété exclusive, et l'*Intransigeant* ne consacre à ses obsèques que quelques lignes de faits-divers. Mais, au fond, toujours et quand même, ces messieurs sont d'accord pour les mauvais coups. Quand le premier eut terminé sa campagne outrageante contre le Président de la République, le second s'est empressé de la reprendre à son compte.

Monsieur le Grand Rabbin, je veux profiter de cette brochure pour placer sous vos yeux une correspondance intéressante au sujet d'un obscur héros juif.

Il y a quelque temps déjà, un monsieur m'apporta une très longue lettre concernant Drumont avec prière de la publier dans mon journal *l'Or et l'Argent*. Je répondis que mon journal avait cessé de paraître, mais que je l'afficherais volontiers à ma vitrine, attendu qu'elle était signée, et qu'il m'avait remis sa carte (Wormser). Cette lettre, dont l'*Univers israélite* a publié depuis quelques extraits, je la publie aujourd'hui, fidèle à la promesse que j'en avais faite à son auteur, mais tout en lui en laissant cependant la responsabilité.

DRUMONT DESCEND-IL DE JUIFS ?
OUI!

Et sans avoir connaissance de son arbre généalogique les preuves sont des plus faciles à établir: Son nom, son métier, sa façon d'écrire, sans parler de son type oriental, prouvent d'abondance son origine juive et sont des témoignages non équivoques de sa filiation sémitique.

Son nom : — On a beaucoup disserté sur sa signification étymologique, on a trouvé même certaines explications assez ingénieuses ; mais toutes ont laissé subsister des lacunes. La vérité vraie voulez-vous l'apprendre? Eh bien! la voici :

Le dernier des ascendants de Drumont qui appartenait au judaïsme et qui sur le déclin de sa carrière devint rénégat, portait le nom de *Sharyah* ou *Shayah* qu'il transforma, après avoir pris le baptême, en *Edouard* — nom qui n'est qu'une corruption du mot *Sharyah*. — Ce nom s'est conservé dans la famille et notre *Drumont* actuel s'en pare encore.

Ce Shayah était *Shadchan* de son métier, c'est-à-dire agent matrimonial. En cette qualité il avait l'entrée libre dans toutes les maisons du Ghetto où il y avait de la jeunesse mariable; il profita de ce privilège pour capter la confiance des familles et pour surprendre leurs secrets les plus intimes. Pour ne rien oublier de tout ce qu'il apprit il le notait sur des *Tablettes*. — On dit même que l'auteur de la *France Juive* est possesseur de ces documents et qu'il y puise les termes hébraïques dont il émaille ses écrits.

Armé de ce bagage de secrets il devint le maître absolu du Ghetto et il en tira profit pour exercer son métier avec fruit.

Mais bientôt on s'aperçut que le sieur Shayah abusait de la confiance qu'on lui accordait; pourvu qu'il palpât la prime d'intermédiaire il était peu scrupuleux sur la véracité des renseignements qu'il fournissait, et de nombreux mariages furent contractés sur la foi de sa verbosité mensongère, qui devinrent des unions malheureuses.

Désormais, toutes les portes lui restèrent fermées ; partout on se méfiait de lui et on l'affubla du sobriquet : *Schkoremsager* : — menteur. Mais le mot dans le jargon du Ghetto a plus de saveur. — On ne le désigna plus autrement que sous le nom de *Schkoremsager Schaya.*

Schayah en conçut un violent dépit et médita une vengeance éclatante. Il rompit avec le judaïsme, embrassa le christianisme avec fracas et, à l'instar de Pfefferkorn, il porta les accusations les plus calomnieuses contre ses anciens coreligionnaires et leur causa beaucoup de mal.

Vous voyez que notre Drumont moderne n'agit que par atavisme. — Après avoir accompli son œuvre de destruction il se retira dans un petit village breton et vécut au milieu des paysans et y fit souche.

Mais là aussi, dans ce milieu nouveau, il se fit bientôt connaître et le vieil homme avec ses penchants reparut. Il fit si bien que lorsqu'on parlait de lui l'entretien commençait invariablement par ces mots : — Hein ! n'est-ce pas que cet Edouard *Dru-ment?* A la longue on ne l'appela plus autrement que *Drument* tout court ; nom que la famille changea plus tard en *Drumont*, et pour cause.

Voilà l'origine d'Edouard Drumont, auteur de la *France Juive* et directeur de la *Libre Parole*. Ne suinte-t-il pas le juif par tous les pores ? — Puisque nous avons mentionné la *Libre Pa·ole*, ajoutons de suite qu'on se trompe généralement en prenant le titre de ce journal pour du français ; c'est de l'hébreu pur et c'est, sans doute, le docte linguiste *Sapiens*, l'étymologiste érudit, qui en a trouvé la combinaison. Et, ma foi, nous devons l'avouer, elle est très ingénieuse, comme vous allez le voir : — car ces deux mots *Libre Parole*, tout anodins qu'ils paraissent, renferment tout le programme cynique et important de ce journal.

Employons donc le scapel du linguiste et disséquons ce titre conformément à la méthode du savant Sapiens :

Libre composé des deux mots hébreux *lib* ou *leb* signifiant : cœur, instinct, penchant ; *re* n'est autre chose que le mot hébreu : *ra* qui veut dire mauvais, méchant. *Parole* se décompose de la manière suivante : *Parah* verbe qui a la double signification en hébreu de dépouiller, de subvertir et *ole* par métathèse équivalant au mot *ovel* qui se traduit par indignité, injustice, méchanceté.

Inutile de faire l'affabulation de cette courte étude étymologique, chacun se rendra facilement compte de la perfidie de ce titre, qui révèle si admirablement les tendances machiavéliques du sieur *Drument*.

Son métier ? en faisant ce qu'il fait, Drumont chasse de race ; il tient des mœurs et des inclinations de son aïeul le juif converti. En digne rejeton de Schkoremsager Shaya, il était fatalement voué à exercer le métier d'antisémite.

Ses livres, son journal : qu'est-ce autre chose que les *Tablettes* élargies de l'ancêtre Schaya ?

Il appelle cela emphatiquement son œuvre.

Ah ! Elle est belle cette œuvre, faite de délations, de mensonges et de calomnies ! Cette œuvre ! qui prêche journellement le pillage et le meurtre ! Il peut s'en glorifier ! Mais que lui importe : c'est son métier, et ce métier lui emplit le gousset.

Il ne croit pas un traître mot de tout le fatras accumulé dans ses écrits, et rabâché quotidiennement dans son journal ; mais cela rapporte et cela lui suffit! C'est bien là la caractéristique du juif converti qui vend son prochain avec la même désinvolture qu'il a vendu son Dieu.

Sa façon d'écrire est encore une preuve irrécusable de ses affinités sémitiques.

Lisez les libelles et les diatribes de Drumont et vous constaterez avec quelle profusion il use des quelques expressions hébraïques qui, sans doute, se sont conservées dans les traditions de sa famille; ses écrits en sont émaillés.

Il les applique, il est vrai, à tort et à travers car il en ignore la valeur, mais c'est tout à fait le langage qui était usité dans les anciens Ghetti où la conversation était un entremêlement pittoresque de la langue nationale et de citations hébraïques.

En un mot c'est le lexique du Ghetto.

Voilà Drumont, voilà son œuvre.

Et bien sceptique celui qui n'est pas convaincu de son origine sémitique.

Paris, le 23 avril 1896.

L. M. WORMSER.

Quelques jours après. M. Wormser voulut bien me faire une nouvelle visite; je le prenais pour un professeur. Il me félicita chaudement de ma campagne contre Drumont et me laissa comprendre que de puissantes personnalités juives seraient disposées à prendre un intérêt si je voulais me mettre à la tête d'un journal régulier pour combattre sérieusement l'antisémitisme. Il me dit aussi qu'on admirait beaucoup le courage et l'indépendance de mes écrits. Je lui répondis que j'étais fatigué de la lutte que j'avais soutenue seul, et avec mes seules ressources. J'ajoutai que j'étais surtout écœuré de l'affront que m'avait fait M. le baron de Rothschild en laissant sans réponse la lettre ci-dessous que je lui avais adressée le 21 février dernier, avec le fac-simile du certificat du docteur Legrand du Saulle.

Paris, 22 février 1896.

Monsieur le Baron,

Il y a quelques années, je n'aurais pas fait un appel en faveur de la personne dont je viens vous entretenir; j'aurais pu faire, et j'aurais fait moi-même le nécessaire.

J'ai déjà essayé par divers moyens d'attirer votre haute attention sur le cas de M. Arthur Kahn; je n'ai pas réussi. J'espère être plus heureux en vous adressant directement cette lettre.

Je sais ce que vous avez fait en maintes occasions, et surtout au sujet d'un des plus modestes, des plus méritants et des plus dévoués administrateurs d'un de vos établissements de charité;

j'aurai l'occasion, un peu plus tard, de faire l'historique de ce pauvre martyr.

Je suis convaincu qu'en 1880 vous n'avez pas reçu la demande qui vous fut faite, par ce même M. Arthur Kahn, dont il s'agit aujourd'hui.

Je vais cesser mon journal, dans lequel, Monsieur le Baron, j'ai suivi au sujet des mines d'or une ligne de conduite que je crois toujours juste. Mais, à côté des critiques, j'ai aussi essayé de rendre justice à chacun. J'étais bien placé pour affirmer positivement que jamais, par exemple, la maison Rothschild n'a été mêlée en rien à la déplorable aventure du Panama.

Quand j'étais représentant, en 1879, à New York, de la puissante maison de banque Lazard frères et Cⁱᵉ, que vous connaissez, M. Jessie Seligman m'offrit une participation dans le fameux comité américain du canal du Panama ; je refusai, et j'appris alors que, non seulement la maison Belmont (votre représentant à New York) avait refusé aussi, mais encore que vous aviez donné des ordres stricts pour qu'elle ne se mêlât en rien des affaires du canal. Le peuple américain, plus clairvoyant que le peuple français, ne souscrivit pour ainsi dire pas à l'émission, malgré les trois noms des trois grandes maisons de banque new-yorkaises qui paraissaient être à la tête de l'entreprise...

Mais je viens de m'écarter du but de ma lettre, Monsieur le Baron ; j'y reviens.

Je vais, vous ai-je dit, cesser mon journal ; il faudrait bien que vous voulussiez m'appuyer pour assurer à un brave homme, qui a été dans sa vie aussi courageux que modeste, une digne retraite pour ses vieux jours, et pour lui faire obtenir en même temps une récompense honorifique qu'il a certes bien méritée. — J'appelle votre attention toute particulière sur le certificat de M. le docteur Legrand du Saulle, daté de Paris, 15 février 1880, dont je vous remets le *fac simile*, ainsi que sur les extraits de l'ouvrage de votre ancien confrère de l'Institut feu Maxime du Camp.

Il y a six mois, je pris M. Arthur Kahn comme employé, après qu'il m'eut communiqué sa vraiment touchante histoire, dans la lettre ci-incluse, *qu'il appuya de toutes les preuves* que vous voudrez bien avoir la bonté d'examiner de votre côté.

J'ai fait tirer les épreuves de tout cela pour vous en faciliter la lecture.

Vous faites beaucoup de bien, Monsieur le Baron, partout, dans tous les milieux ; vos générosités personnelles ne sont pas procla-

mées dans les journaux, mais j'en connais un grand nombre. Cette
fois, vous n'hésiterez pas, j'en suis certain, d'autant plus qu'en
dehors de vos bienfaits en argent, vous avez toujours de quoi
employer un homme capable et le faire ainsi vivre de son travail,
avec dignité.

Veuillez, Monsieur le Baron, agréer l'expression de ma considération la plus distinguée.

JOSEPH ARON.

M. Wormser, paraissant très excité, m'affirma que cette lettre
n'était pas parvenue à Monsieur le baron. « Impossible, répon-
dis-je; elle était recommandée. — N'importe, répliqua-t-il; je puis
vous l'assurer, je suis son *aumônier* ».

Au bout de quelque temps il revint et me pria d'engager M. Kahn
à faire lui-même une demande de secours à M. le baron, de la
lui confier à lui-même et qu'il se chargerait de la remettre en
mains propres. Je me décidai après quelques jours à écrire la
lettre suivante :

Paris, le 11 juin 1896

A M. Wormser, aumônier de M. le baron de Rothschild.

Monsieur,

A la suite de la carte postale que j'ai eu l'honneur de vous écrire, vous avez
bien voulu vous rendre à mon bureau et me dire de prier M. Kahn d'écrire
personnellement à M. le baron pour lui adresser une demande et que vous vous
chargeriez de la remettre directement à sa destination, attendu que M. le baron
n'avait pas reçu la lettre recommandée que je lui avais adressée le
22 février 1896.

Je ne vous ai pas écrit plus tôt parce que j'ai pensé que cette affaire demandait
de la réflexion. Le résultat de ma réflexion est celui-ci : je n'ai pas cru devoir
transmettre votre communication à M. Kahn.

Quoi qu'il m'ait avoué s'être adressé déjà dans des moments de maladies et
de détresse à M. le baron qui l'a secouru (sans doute sans en rien savoir,
comme cela se fait administrativement), je ne crois pas qu'il convienne à un
homme qui s'est conduit de façon à mériter que M. le Dr Klein, membre du
Consistoire, dise de lui « qu'il devra un jour être inscrit sur le livre d'or des
Israélites » de demander l'aumône comme un vulgaire et malheureux Polonais
ou Russe.

Je l'ai tiré de la gêne dans laquelle il se trouvait, j'ai fait pour lui tout ce que
ma position m'a permis de faire, regrettant de ne pouvoir faire plus. Du reste
je vous l'ai expliqué verbalement ainsi qu'à M. Braun qui, selon moi, n'a pas
agi comme il aurait dû le faire, lui qui connaissait les titres glorieux de mon
protégé. Je préfère donc, Monsieur l'aumônier, vous envoyer simplement la
lettre et les documents que j'ai eu l'honneur d'envoyer à M. le baron.

Si une demi-douzaine d'Israélites voulaient faire proportionnellement ce que
j'ai fait moi-même, qui ai cependant perdu une grande partie de ma fortune,
ce brave homme pourrait enfin être à l'abri du besoin pendant les quelques
années qu'il peut encore vivre. Je compte sur votre promesse et vous prie de

vouloir bien remettre cette lettre à M. le baron, seulement comme je ne me crois plus autorisé à lui écrire à titre privé, c'est en sa qualité de Président du Consistoire central et à ce titre seulement, que je vous prie de la lui remettre.

Pour rendre votre tâche moins lourde, j'envoie un duplicata de cette lettre à M. le Grand Rabbin de France que j'ai l'honneur de connaître.

Veuillez agréer, Monsieur, mes respectueuses salutations.

JOSEPH ARON.

Huit jours après, un jeune homme, s'annonçant comme le neveu de M. Wormser, vint à mon bureau et m'annonça de la part de son oncle que ma demande avait été prise en considération et que je serais satisfait du résultat. Effectivement, on avait fait quelque chose. L'imprimé dont fac-similé ci-contre fut reçu par M. Kahn.

J'ai trouvé cette pièce si extraordinaire que je l'ai achetée à M. Kahn 101 francs. De cette façon il n'a rien perdu, MM. de Rothschild ont gagné 100 francs, et moi je suis devenu possesseur d'un précieux document constatant l'extraordinaire libéralité de ces Messieurs envers un homme dont le nom, d'après un membre du Consistoire, sera un jour inscrit au Livre d'Or du Judaïsme!

Vous qui me connaissez depuis longtemps, Monsieur le Grand Rabbin, vous qui, le 18 octobre 1894, avez bien voulu me féliciter si chaleureusement en me disant : « Vous avez provoqué une réponse franchement libérale de la part de l'homme éminent dont l'opinion nous importe beaucoup », vous avez gardé le silence au sujet des documents Arthur Kahn, ce qui me fait croire que vous avez des doutes sérieux sur leur authenticité. Moi, je continue à les croire vrais, mais, devant votre indifférence, il m'arrive de temps à autre, quelques doutes pénibles sur leur complète exactitude. Ces doutes de ma part sont bien naturels, car, dans ma vie, j'ai été trompé si souvent en voulant faire le bien! Mais pour ceux-là j'avoue qu'ils me sont on ne peut plus pénibles. Je vous en supplie, Monsieur le Grand Rabbin, faites-les cesser, et éclairez-moi.

Je vous le demande d'autant plus instamment que de tous les employés que j'ai eus, deux seulement m'ont été dévoués; Pierre Garde que vous avez occupé pendant 18 ans, l'autre M. Kahn.

La lettre que vous trouverez plus loin que j'adresse au Procureur de la République vous montrera comment s'est conduit à mon égard, le rédacteur en chef que j'avais choisi. Si je vous fais cette demande pour M. Kahn, c'est que je suis certain qu'il la mérite.

Paris, le 22 Juin 1896

Monsieur
Arthur Kahn
51 Rue Rodier

est prié de passer chez M.M.
de Rothschild frères, 21, rue Laffitte,

de 2^h à 4^h pour recevoir la somme
de Cent francs

Reçu de M.M. de Rothschild frères, la somme
de

Paris, le 189

Voici du reste la lettre que j'ai reçue de M. Kahn, le 1er juin 1895, quelques jours avant son entrée chez moi comme employé.

Paris, le 1er juin 1895.

Monsieur Aron,

La dernière fois que j'ai eu l'honneur de vous voir à l'occasion d'une commission dont m'avait chargé pour vous M. Hollebecque, mon patron, vous avez bien voulu me témoigner un intérêt auquel j'ai été très sensible et vous m'avez demandé quelques détails sur ma vie passée. Je me conforme avec empressement au désir que vous avez bien voulu m'exprimer.

Le 14 octobre 1870, j'ai été nommé commis-greffier au Dépôt près la Préfecture de Police par M. le comte de Kératry, alors Préfet de Police, sur la proposition de M. Antonin Dubost qui était alors secrétaire général de la Préfecture et qui connaissait mes sentiments républicains sous l'Empire; et j'ai la conviction d'avoir rempli les fonctions qui m'avaient été confiées avec le plus entier dévouement, ainsi que vous le prouveront les documents que vous trouverez ci-inclus, extraits des publications ci-dessous:

1° L'ouvrage de M. le Docteur Legrand du Saulle (*Délire des persécutions*, page 507) parle de moi.

2° La brochure de l'abbé Perny (*Deux mois sous la Commune*, page 15) relate ma conduite à cette époque;

3° L'*Histoire de la Commune* de l'abbé Vidieu (page 202) où il est encore question de moi;

4° L'*Histoire du Capitaine fédéré Revol* (page 26) de M. l'abbé Crozes, aumônier de la Roquette;

5° *Les Convulsions de Paris* (1er vol. pages 66 et suiv.) de Maxime du Camp de l'Académie française.

En 1880, alors que j'étais premier greffier au Dépôt, une querelle survint entre moi et un autre greffier nommé sans droit ni aucun titre, si ce n'est celui de frère de la maîtresse d'un ministre de l'époque. Malgré que l'enquête eût clairement démontré que j'avais été provoqué et frappé le premier, malgré les lettres pressantes qu'avait écrites en ma faveur M. le Docteur Legrand du Saulle à M. Andrieux, alors Préfet de Police, où il allait jusqu'à lui dire que j'avais une page dans l'histoire, malgré aussi les démarches d'un éminent avocat, alors conseiller municipal, M. Leven, j'ai été sacrifié et ce greffier dont je vous dirai le nom est resté à son poste. Il est vrai que dix-huit mois après il fut condamné (après avoir été révoqué) à deux ans de prison ainsi que sa femme, pour vol.

J'avais moi-même écrit à M. Andrieux, lui rendant compte de ma conduite passée, invoquant la mémoire des otages et particulièrement de Mgr Darboy qui m'avait promis de ne jamais m'oublier, invoquant aussi le souvenir de mon pauvre frère, officier tué à Gravelotte, rien n'y fit. Je fus exécuté.

M. le Docteur Legrand du Saulle, témoin de ma conduite pendant la Commune, m'offrit spontanément le certificat que je vous joins aussi. Il me conseilla aussi, ainsi que M. l'abbé Scala, d'écrire à M. le baron de Rothschild pour lui demander un emploi, mais il est probable qu'en raison du nombre considérable de lettres qui lui sont adressées chaque jour, la mienne n'a pas dû être mise sous ses yeux.

M. l'abbé Scala, aumônier de Mazas, ne m'abandonnant pas, me conduisit chez un de ses amis M. Devos, chef du personnel aux tramways-Nord qui me nomma de suite contrôleur. Je restai là pendant dix-huit mois environ. M. l'abbé Lagarde, vicaire général de l'archevêché ayant appris par M. l'abbé Perny la position que j'occupais, m'écrivit aussitôt de venir le voir, daigna me remercier de ce que j'avais fait pour lui en 1871, et me fit au bout de huit jours entrer à l'administration des Pompes funèbres comme employé dans les bureaux. En 1887, la mort m'ayant encore une fois enlevé mon protecteur, j'ai dû quitter l'administration par suite de suppression d'emploi et ai eu la malencontreuse idée d'ouvrir un petit magasin à ma femme et j'y perdis le peu d'économies que j'avais faites.

Depuis cette époque je travaille un peu à droite et à gauche. Je suis actuellement et depuis six ans employé chez M. Hollebecque, directeur du *Facteur du Commerce* où je fais des écritures, des inspections et des encaissements, j'ai la certitude qu'il ne vous donnerait sur mon compte que de bons renseignements. Malheureusement je n'ai pas de traitement fixe et mon salaire est subordonné au travail, de sorte qu'en moyenne, je ne puis guère gagner que 40 francs par mois. Ma femme travaille durement de son côté, malheureusement aussi elle est souvent malade, de sorte que bien souvent nous nous sommes trouvés dans la gêne.

Monsieur Aron, je viens implorer de votre bienveillance la faveur et l'honneur d'être employé à n'importe quel titre dans l'administration de votre journal. Je puis vous assurer à l'avance que je mettrai à mériter votre confiance et à reconnaître votre bonté tout mon dévouement, toute ma bonne volonté et tout mon courage.

Dans l'espérance, Monsieur, que vous me pardonnerez mon importunité et mon indiscrétion, j'ai l'honneur de vous prier de vouloir bien agréer l'expression de mes sentiments les plus respectueux.

Votre serviteur

ARTHUR KAHN.
Ex-greffier des prisons de la Seine.

Daignez agréer, Monsieur le Grand Rabbin, l'expression de ma haute considération.

JOSEPH ARON.

L'ÉCOLE POLYTECHNIQUE

Aux Polytechniciens

Paris le 4 août 1896.

Messieurs,

Veuillez arrêter votre attention sur la lettre ci-après, que j'ai adressée le 31 juillet au directeur du *Voltaire* au sujet du pénible incident de l'École Polytechnique, et que quelques-uns d'entre vous ont déjà reçue dimanche soir.

Vous verrez que, un jour avant l'admirable article de M. Henry Fouquier dans le *Rappel*, j'avais déjà produit les mêmes protestations sur l'honneur de l'École. Je me demande toutefois si M. Fouquier aurait été aussi chaud si l'élève Blois eût été un juif, comme l'avait déclaré tout d'abord l'ancien mouchard de l'Empire contre l'infamie duquel aucun journal ne s'est élevé?

Et la *France libre!* — ce journal de Lyon, qui, avec la *Libre Parole*, a accaparé la dépouille de Morès pour en faire le drapeau de toutes les réactions politiques et religieuses, bien que Morès fût parti dégoûté de la bande à Drumont — continue à parler ainsi :

> Un juif voleur! Quoi d'étonnant? Ils le sont tous. Mais celui-ci a ceci de particulier qu'il est élève à l'École polytechnique, et qu'après avoir très probablement volé son admission comme il aurait volé son numéro de sortie, il s'entretient au cours des études en chipant à ses camarades des montres, etc.....
>
> Il y a un code militaire pour les chrétiens comme il y a un code civil.
>
> Pour les juifs, il n'y en a pas. Le juif est au-dessus des lois!
>
> *Paris.* — L'élève condamné pour vol par le conseil de discipline, au lieu du conseil de guerre, appartient bien à la religion juive. Il se nomme Blois.

COPIE   Paris le 31 Juillet 1896.

Monsieur L. L. Klotz, Directeur du *Voltaire*, Paris.

Un acte infâme et anti-français vient de se produire. Il est impossible que vous n'en ayez pas eu connaissance.

Le 29 juillet courant, avant-hier, mercredi, la *Libre Parole* publiait, sous le titre sensationnel : *Un scandale juif*, une nouvelle qui n'était en soi qu'un triste et pénible fait divers mais que cette feuille transformait ignoblement en événement politique, social et religieux : — « *Un grave scandale*, dit la *Libre Parole*, vient de se produire à l'École polytechnique, peu fait, comme on va le voir, pour rehausser le prestige toujours déclinant des juifs, car, **cette fois encore**, le coupable **appartiendrait** à la religion israélite. A l'École et au ministère de la guerre on a tout fait pour étouffer le scandale..... »

Cette fois encore!... Comment la presse peut-elle laisser passer une insinuation aussi infâme?...

Appartiendrait!..... Ainsi, le journal de Drumont n'en était pas sûr, ne le savait pas du tout!... *On dit, on croit, nous supposons* qu'il est *peut-être* juif », et cela suffit, sans autres preuves, pour faire crier partout : *un scandale juif!*...

Ah! certes, on avait bien fait de vouloir cacher au public, à l'Europe qui regarde toujours en France, les vols d'un malheureux, juif ou non, qu'une passion fatale entraîna dans l'abîme.....

Partout, dans les Écoles militaires des autres pays, de pareils malheurs peuvent arriver et y sont même arrivés; mais, à côté du châtiment sévère, toujours les camarades du coupable, ses chefs et les journaux de son pays savent rester tristement silencieux. Un usage ancien et respectable nous fait nous découvrir devant l'assassin marchant au supplice et voilà que nous nous mettrions à danser la sarabande autour d'un malheureux à peine arrêté? Est-ce qu'il n'y a pas derrière le coupable une famille qui tombe de toute la hauteur de son amour et de ses espérances? Une mère, une sœur, un père, innocents de la honte qui vient les courber à jamais?... Et faut-il vraiment que les journaux viennent aggraver de tels désastres?

Mais dans le cas actuel, le coupable n'est pas juif; et c'est ce qui m'autorise à vous écrire.

Vous êtes, Monsieur, israélite, et vous avez dans vos mains un organe suffisamment important, un journal quotidien : *le Voltaire*. Or, le *Voltaire* a publié un extrait des renseignements de la *Libre Parole*, où il est dit qu'en dehors de la réserve du général André, commandant de l'École polytechnique, on a pu savoir par un élève de l'École que le coupable appartenait à la religion juive.

Cet élève ne serait donc qu'un calomniateur. Espérons qu'il n'a jamais existé que dans l'imagination du rédacteur de la *Libre Parole*. Dans le cas contraire, l'honneur des élèves de l'École sera de le forcer à se faire connaître.

Dès hier matin, en tout cas, l'*Écho de Paris* déclarait formellement que le coupable n'est pas juif; le *Figaro* l'annonçait déjà hier, lui aussi. Comment se fait-il que le *Voltaire*, organe d'un juif important, ne l'ait pas encore déclaré ce matin? C'était bien le moins après son empressement à reproduire l'accusation des antisémites!

Je remarque, du reste, qu'aucun journal ne s'élève contre les procédés continuellement infâmes de la *Libre Parole*, qui, ce matin, pour toute réparation, se contente de dire :

« Blois est juif, mais non Israélite, ses parents étant convertis. »

Il n'y a pas jusqu'au grand redresseur de torts, l'*Intransigeant*, qui ne s'empresse de mêler à son récit le nom de l'ex-capitaine Dreyfus, alors qu'il ferait mieux de parler un peu du Marc de 1868, du Drumont de l'*Inflexible*.

Mais, pour en revenir à l'École polytechnique, vous devez vous souvenir que, dernièrement, plusieurs curés eurent le courage de citer en justice certaines feuilles qui les avaient calomniés. J'espère que M. le général André permettra aux élèves juifs de l'École de faire de même. J'espère aussi que ces polytechniciens montreront qu'ils ne sont pas de ces juifs que, dans sa brochure, M. Bernard Lazare dépeint ainsi :

« Les Juifs, fidèles à d'antiques traditions d'humilité
« et par pusillanimité atavique ne se défendent pas...
« Pauvres esprits et pauvres cervelles, aveugles et

« sourds, sans intelligence, sans compréhension, sans
« courage et sans énergie. »

Veuillez agréer, Monsieur, l'assurance de mes sentiments respectueux,

JOSEPH ARON

Auteur des *Mensonges de Drumont* et de
la *Résurrection de Lazare*.

Une réponse à M. Bernard Lazare et à "l'Univers Israélite"

Un Juif à la hauteur de son rôle. — Un vrai Ministre des Cultes

On lit dans la *Libre Parole* du 4 août, sous le titre : A UN CUISTRE (1) :

Le pion mal peigné qui loge pour quelques mois encore au ministère de l'Instruction publique, s'était rendu dimanche à Besançon, sa ville natale, pour y présider la distribution des prix. Le devoir de Rambaud consistait en somme à y prononcer un discours idiot, à embrasser quelques jeunes élèves, et à remonter dans le train.

Il va sans dire que la colonie juive de Besançon profita de la circonstance pour adresser à Rambaud ses compliments les plus plats.

En son nom, le grand rabbin Auscher — encore un nom bien français — prononça un discours que nous reproduisons avec grand plaisir :

Permettez-nous, monsieur le ministre, dit-il, de profiter de l'heureuse circonstance qui nous met en présence d'un des membres les plus éminents et les plus distingués de notre cher gouvernement républicain, pour affirmer devant vous que, malgré tout ce que peut dire certaine presse odieusement mensongère, traîtresse à la fois à la vérité, à la justice et au pays qu'elle ne cherche qu'à diviser et à troubler, nous, israélites, nous sommes des citoyens inoffensifs, paisibles, laborieux, honnêtes, attachés à l'accomplissement de tous nos devoirs, valant moralement non pas plus (nous n'avons pas cette prétention), mais autant que nos concitoyens, et aimant notre chère patrie, la République française, jusqu'à lui sacrifier, sans hésitation, s'il le fallait, la dernière obole de notre fortune et la dernière goutte de notre sang.

Ce rabbin est un homme bien fort, s'il a pu sans rire affirmer que ses compatriotes et lui étaient prêts à faire le sacrifice de leur « dernière obole ». Cette plaisanterie-là dépasse en effet la mesure, et nous ne croyons pas que jusqu'alors un Juif se l'était permise. Elle dénote chez son auteur une dose de fumisterie naturelle qui n'est pas ordinaire. Cet Auscher est le *Sapeck* des rabbins !

A ce discours Rambaud a répondu. Nous n'avons point le texte même de sa réponse, mais cette analyse que nous donne un journal opportuniste du cru nous suffit pleinement :

Dans sa réponse, dit notre confrère, M. Rambaud déclare que depuis longtemps il a pu apprécier le patriotisme des israélites de la Franche-Comté et qu'en ce qui concerne une certaine presse dont le grand rabbin vient de parler, on ne pouvait que la mépriser.

La « certaine presse » dont parle Rambaud après le rabbin ne peut que retourner à ce goujat le mépris qu'il a pour elle.

(1) On sait qu'en France tout ministre de l'Instruction publique qui n'est pas de votre parti devient aussitôt un *cuistre* et un *pion mal peigné*, fût-il Gerson, Villemain ou Jules Simon.

J. A.

"La Libre Parole"

On lira avec intérêt le petit article que publiait La Libre Parole du 8 septembre 1896 (jour de ROSCH-HASCHANAH), sous la signature de Raphaël Viau (dont le véritable nom, nous affirme-t-on, serait Raphaël Weill, mais non pas le Weill ancien associé de Gérin, propriétaire du National); on se rappelle sans doute que le National de ce Gérin, aujourd'hui le principal actionnaire de La Libre Parole et le patron de Drumont, fut jadis très chaudement recommandé par une circulaire de M. le Grand Rabbin de France.

AMES HÉBRAÏQUES

A TABLE D'HOTE

« Certains Juifs, que l'Antisémitisme apeure, cherchent à se mettre en garde contre l'Antisémitisme même.

« Il n'est pas rare, en effet, que dans les hôtels surtout, où volontiers l'on aborde indifféremment tous les sujets, un mot ne soit dit en passant sur les Juifs et les non Juifs.

« Quand bien même ils s'appellent Kahn, Lévy ou Bloch, ils protestent qu'ils ne sont pas Juifs, et, les premiers, déblatèrent contre les Juifs ». (Extrait de l'*Univers israélite* du 28 août 1896.)

A l'hôtel de Var-sur-Loire, les voyageurs de passage sont au dessert. Autour de la table, un monsieur âgé, un jeune homme, plus MM. Kahn et Bloch et les épouses de ces messieurs.

Le jeune homme (découpant une poire). — Sapristi! encore une poire véreuse.

Le monsieur âgé. — Il est de fait que cette année les vers fourmillent dans les fruits plus que les Juifs en France, ce qui n'est pas peu dire!

Le jeune homme (souriant). — Oui, mais on a encore une ressource avec le ver, c'est qu'on peut l'arracher et le jeter aux ordures, alors tout est dit.

Mme Bloch (bas à son mari). — Tis tone, mossié Ploch? tu entends, mossié Ploch?

M. Bloch (bas). — Tis tone, matame Ploch, tu fas vermer ton pouche, matame Ploch!

Le jeune homme (continuant). — ... tandis qu'avec Israël c'est comme les cheveux d'Eléonore...

Le monsieur âgé (riant). — Quand il n'y en a plus il y en a encore... Quelle plaie, monsieur, que cette engeance! Qui donc nous en délivrera une bonne fois pour toutes!

Mme Kahn (bas à son mari). — Tis tone, mossié Kahn, tu entends, mossié Kahn?

M. Kahn (bas). — Matame Kahn! ché fous encache à rien tire di tout! fous afez gombris, matame Kahn?

Le jeune homme. — Il faut avouer, cependant, que depuis *La France Juive* et *La Libre Parole*, les bons Youtres commencent à comprendre que ça chauffe pour eux...

Le monsieur âgé. — Ah! il est certain que Drumont ne les ménage pas!... Cré matin, celui-là peut se vanter d'avoir tous les honnêtes gens avec lui...

M. Kahn (la bouche en cœur). — Moi, che foutrais pien le gonnaitre ce pon mossié Trumont... che sais pas ce que je tonnerai bour serrer son main...

M. Bloch (l'interrompant). — Tans ma macassin, che l'ai vu ine fois qui refenait te la care tu Nord. Tout le monde il griait : « Fife Trumont! Fife Trumont! » Alors ch'ai ti à mon fâme : « Tis tone, madame Ploch, tu fas carter ta putique, avin que moi auzi ch'aille grier comme tous les pons Vranzais : Fife Trumont! Fife le pon mossié Trumont! »

Le monsieur âgé (qui voit à qui il a affaire mais ne veut pas avoir l'air de reconnaître les Juifs). — Ce qui est dégoûtant avec ces vilains individus, c'est qu'on ne les reconnait pas toujours et alors...

M. Kahn (lui coupant la parole). — Ché fous témante pien bardon, mossié, on le regonnait tuchurs le Chuif... tapord, le Chuif, mossié, il barle chamais pien le vrançais, c'est ce que che tisais l'autre chour ai mossié Ploch : Tis tone Ploch, tu troufes bas gomme mossié Martochée il barle mal le vrançais?

M. Bloch (vivement). — Moi, t'apord ch'ai chamais été folé que bar les sales Chuifs?

La conversation continue sur ce ton. A la fin du repas MM. Kahn et Bloch déclarent qu'ils vont, le soir même, adresser au directeur de *La Libre Parole* une lettre de félicitations au sujet de son dernier article sur les chrétiens d'Arménie. **RAPHAEL VIAU.**

LA COLLECTION COMPLÈTE

DES

MINES D'OR

Prix : 2 francs

OPINION D'ÉDOUARD DRUMONT

M. Aron publie un journal qui contient des dessins parfois bizarres sur moi et sur d'autres et qui sera fort intéressant pour les collectionneurs de l'avenir. — Il y dénonce au Gouvernement le danger que fait courir à l'épargne française la spéculation éhontée sur les mines d'or et prédit un krach, etc., etc. *La Libre Parole* du 2 juillet 1895.

L'HOMOLOGATION

—•◦•—

Ce volume, outre le texte *in extenso* de tous les Jugements d'homologation prononcés dans l'**Affaire du Panama**, ainsi que des Plaidoiries, renferme un grand nombre de Documents, tous de la plus grande importance, plusieurs absolument inédits, et il renferme en outre des fac-similés dont la connaissance ne pourra qu'être profitable à tous ceux qui s'occupent de Finance, de Politique, et même à un point de vue plus modeste à tous ceux qui tiennent à connaître la Vérité sur une question qui a passionné la France entière et la passionnera sans doute encore. On y trouvera également la preuve que la nouvelle Société du Panama est encore moins sérieuse et plus néfaste que la première.

—⁓—

Prix : 5 Francs

COLLECTION COMPLÈTE

DU JOURNAL

L'Or et l'Argent

Ci-devant

LES MINES D'OR

1, Rue Condorcet

Revue indépendante donnant la traduction des principaux articles sur les MINES D'OR publiés par les grands journaux étrangers et qui ne sont reproduits dans aucun journal de Paris. Combat les Sociétés minières anglo-allemandes qui viennent en France extorquer l'argent des naïfs, qui ont confiance dans leur charlatanisme.

PRIX : **3** FRANCS

SOMMAIRE

DES DERNIERS NUMÉROS

DE

"L'Or et l'Argent"

Parus spécialement pour publier le jugement en police correctionnelle prononcé en faveur du

Comte de Kératry

DÉLÉGUÉ, AUX ÉTATS-UNIS ET EN RUSSIE,
DU GOUVERNEMENT FRANÇAIS, DE LA SOCIÉTÉ DES GENS
DE LETTRES ET DU CERCLE DE LA LIBRAIRIE